DE LA MÊME AUTRICE

Aux Éditions Gallimard

LES PAUVRES PARENTS
SONIETCHKA
MÉDÉE ET SES ENFANTS
DE JOYEUSES FUNÉRAILLES
UN SI BEL AMOUR ET AUTRES NOUVELLES
LE CAS DU DOCTEUR KOUKOTSKI
SINCÈREMENT VÔTRE, CHOURIK
MENSONGES DE FEMMES
DANIEL STEIN, INTERPRÈTE
LES SUJETS DE NOTRE TSAR
LE CHAPITEAU VERT
À CONSERVER PRÉCIEUSEMENT
CONFITURE RUSSE
L'ÉCHELLE DE JACOB
MON PETIT-FILS BENJAMIN

Aux Éditions Gallimard Jeunesse

LE MIRACLE DES CHOUX ET AUTRES HISTOIRES RUSSES
CONTES RUSSES POUR ENFANTS

CE N'ÉTAIT QUE LA PESTE

LUDMILA OULITSKAÏA

CE N'ÉTAIT QUE LA PESTE

scénario

Traduit du russe
par Sophie Benech

nrf

GALLIMARD

Titre original :

ПРОСТО ЧУМА
(Prosto tchouma)

À la mémoire de Semyon Mirsky
1939-2020

PERSONNAGES

Rudolf Ivanovitch Mayer, chercheur

Anna Anatolievna Kilim (Ania), sa maîtresse

Lora Mayer, sa sœur qui vit à Moscou

Galia, une Tatare, gardienne à l'Institut de recherches sur la peste

Personnages du train

Ludmila Ignatievna Kostrikina, une passagère

Sverbeïev, l'homme au visage asymétrique

Sémyone Koulkov, le jeune gars qui élève des oies

Eléna Dmitrievna, la petite vieille

Zina, la responsable du wagon

Membres de la commission

Vsévolod Alexandrovitch Grigoriev, président de la commission

Alexeï Ivanovitch Jourkine et sa femme, Ida Grigorievna

Constantin Alexeïevitch Essinski et sa femme, Véra Anatolievna

Médecins

Lev Alexandrovitch Sikorski, médecin-chef de l'hôpital Catherine

Alexandre Matveïevitch Sorine, médecin de garde au service des urgences, et sa femme, Antonina Platonovna (Tonia)

Sergueï Yossifovitch Kossel, le médecin de quartier, et sa femme Dina

Ilya Mikhaïlovitch Goldine, anatomopathologiste, sa femme, Sophia Issakovna (Sonia), et leur domestique Nastia

Nicolaï Khamidovitch Kazimov, médecin-chef de l'hôpital municipal n° 1.

Personnages de l'hôtel Moskva

Tatiana Dmitrievna Sozonova, femme de ménage

Tatiana Alexandrovna, gérante

Anadourdyeva, Turkmène, députée

Véniamine Alexeïevitch Kotikov, barbier

Membres du gouvernement et du NKVD

Yakov Stépanovitch, commissaire à la Santé

Sergueï Pavliouk, colonel du NKVD, et sa femme, Natacha

Fiodor Vassilievitch, responsable du NKVD

Personnage Haut Placé, chef du NKVD (Béria)

Piotr Borissovitch, collaborateur du NKVD

Fazil, collaborateur du NKVD

Borodatchev, collaborateur du NKVD

Solénov, capitaine du NKVD

Gribanov, capitaine du NKVD

Autres

Pétrovitch, gardien de l'hôpital Catherine

Kolia Véra et Klava, amis de Koulkov

Ivan Loukianovitch Kozelkov, chef d'une équipe ferroviaire

Eléna Yakovlevna Braslavskaïa, partage un compartiment avec Anna Kilim

Eléna Adrianovna Egorova, infirmière en chef de l'hôpital municipal n° 1

Nina Ivanovna, infirmière au service des urgences

Kvasnikov, un citoyen qui répand des rumeurs dans une queue

Fiodor Pétrovski, victime des répressions

Éclairant de ses phares un tourbillon de neige frémissant, un train de marchandises roule à travers une immense étendue désertique balayée par le blizzard. Il roule lentement, pendant longtemps. Il laisse derrière lui une ville à peine visible sous des monceaux de neige et se fond dans le brouillard.

À l'écart du monde entier, un long bâtiment de plain-pied est enseveli sous la neige. Quelques fenêtres brillent d'une lumière trouble. Sur une plaque recouverte d'une fine couche de neige, un nom que l'on n'arrive pas à lire.

Dans la loge du gardien, une vieille Tatare est assise près d'un poêle en fer, elle est coiffée d'un fichu en laine tricotée qui lui descend sur le front et emmitouflée dans un châle. Elle découpe avec un petit couteau des tranches de viande séchée qu'elle mâchonne de sa bouche édentée. Son regard est concentré et absent.

Rudolf Ivanovitch Mayer se trouve dans un local confiné. Il est vêtu d'une combinaison de protection et porte un masque. On ne voit pas son visage. Il a des gants. À l'aide d'une longue aiguille, il répartit une culture bactérienne dans des boîtes de Petri. La flamme d'un petit réchaud à alcool frémit à chacun de ses gestes. Des gestes harmonieux, magiques.

Sur la table, devant la gardienne, le téléphone sonne longuement, avec insistance. Elle ne décroche pas tout de suite.

— Ce *shaïtan*, et ça crie, et ça braille…, bougonne la vieille.

Le téléphone ne se calme pas. Elle décroche.

— Labratoire ! On est en pleine nuit ! Qu'est-ce que t'as à gueuler comme ça ? Y a personne… Non, je peux pas écrire… Oui, Mayer est là ! Attends. Attends, je te dis !

La vieille femme va au bout du couloir, elle frappe à la porte du fond et crie :

— Mayer ! Téléphone ! On t'appelle de Moscou ! Faut que tu viennes !

Elle tire sur la porte, mais c'est fermé à clé. Elle recommence à frapper et à crier.

— Mayer ! Viens répondre ! Y a un chef furieux qui te demande !

Dans le local, Mayer a reposé l'aiguille, il reste immobile. Les coups frappés à la porte l'agacent.

— J'arrive, j'arrive !

Sa voix est assourdie par le masque. Celui-ci a légèrement glissé, le joint d'étanchéité de la mentonnière s'est détaché.

La vieille femme l'a entendu, elle retourne au téléphone et hurle dans l'écouteur :

— Attends un peu, je t'ai dit… !

Dans le sas de décontamination, Mayer enlève ses gants, son masque, sa combinaison, il essuie quelque chose et court enfin vers le téléphone.

— Excusez-moi, j'étais dans un local confiné… Oui, je fais des expériences la nuit… Je ne suis pas prêt, Vsévolod Alexandrovitch… Oui, oui, en principe… Parfaitement sûr. Mais j'ai encore besoin d'un mois et demi, deux mois. Oui, un mois et demi… Je ne suis pas prêt à faire un exposé… Bon, si vous présentez les choses comme ça… Mais j'estime qu'il est encore trop tôt pour un exposé. Je décline toute responsabilité… Oui, oui. Au revoir.

Il raccroche, furieux. La vieille le regarde avec attention.

— Il me crie dessus, il te crie dessus ! C'est un vrai *shaïtan*, ce chef fâché. Tiens, mange !

Elle lui tend un morceau de viande séchée au bout de son couteau. Mayer secoue la tête en signe de refus.

— Non, merci, Galia, dit-il en prenant machinalement le morceau.

Il mâche.

— Va dormir ! Rentre chez toi ! Pourquoi tu restes là ?

Le jour n'est pas levé, il fait encore nuit à la fenêtre. Un coup de sonnette précautionneux. Une jeune femme allume la lampe de chevet, se lève sans bruit et se dirige vers la porte. Il y a un enfant qui dort.

Rudolf est venu voir son amie secrète, Anna Anatolievna. Il a gardé sa veste fourrée couverte de neige, il a juste enlevé sa chapka.

— Il est arrivé quelque chose ? demande Ania en battant des cils d'un air effrayé.

Rudolf déboutonne sa veste fourrée.

— Rien de spécial. Cette nuit, j'ai été convoqué à Moscou. Pour faire un exposé devant la commission. Le travail n'est pas encore terminé. C'est complètement idiot. Mais ils ne veulent rien entendre. Il n'y a pas à discuter. Je pars, Ania. Je suis venu te le dire.

— Maintenant ? Tout de suite ?

— Ce soir. J'ai interrompu une expérience. J'ai encore des choses à faire.

— Et Macha va rester avec qui ?

— J'ai déjà tout organisé. Savélova va passer la semaine avec elle.

— Comment elle va ?

— Toujours la même chose. Elle reste assise dans un fauteuil, le regard fixe…

Ania pose la main sur la joue de Rudolf, elle lui caresse le front.

— Si tu venais à Moscou avec moi ? demande Rudolf. Hein ? Pour trois jours.

— Comment ça ? Maintenant ? demande Ania, surprise.

Une tête bouclée a surgi au-dessus du berceau, le visage de la petite fille s'est éclairé en voyant Rudolf, la voilà qui grimpe sur ses genoux.

— Ah ! Notre petite Krossia s'est réveillée ! (Il lui caresse la tête.) Tu n'as qu'à t'entendre avec Maria Afanassievna pour qu'elle vienne garder Krossia, et on y va !

— Comme ça, tout de suite ? Je ne peux pas. Cela a beau être les vacances, je suis quand même de garde à l'école…

— Libère-toi, repousse ta garde, invente quelque chose. Hein ?

— Je vais essayer, Rudia, tu sais bien à quel point j'en ai envie moi-même…

— Envoie-moi un télégramme à l'hôtel Moskva et je viendrai te chercher à la gare. D'accord ?

Quatre personnes dans un compartiment. Rudolf est assis près de la porte, sa veste fourrée sur les épaules ; à côté de lui, devant la tablette, un homme vigoureux au visage ferme un peu asymétrique ; en face de lui, une belle femme avec des nattes relevées, maquillée, élégante, elle dispose de la nourriture sur la tablette. En face de Rudolf, un jeune gars à l'allure plutôt campagnarde, mais fringant et volubile.

— Voilà, comme ça, c'est quand même autre chose ! dit la femme. J'aime bien que tout soit joli. Aujourd'hui, personne ne sait plus dresser une table, et moi, j'aime que tout soit à sa place – les fourchettes, les cuillères, les assiettes… et puis qu'on mette un napperon…

Elle contemple le saucisson coupé en tranches régulières et les morceaux de pain bien alignés. L'homme au visage asymétrique la regarde avec beaucoup d'intérêt, tandis que le jeune homme poursuit un monologue commencé depuis longtemps.

— Alors, voilà, Ludmila Ignatievna, je lui ai écrit une lettre, et j'ai attendu de voir s'il allait me répondre. Un académicien, c'est pas de la rigolade ! Parce que les gens de chez nous, à l'Institut d'agriculture, y a rien à en attendre, aucun soutien…

— Mais mangez, mangez donc ! propose Ludmila, et l'homme au visage asymétrique prend une tartine.

Le jeune homme, emporté par son récit, tend la main, lui aussi.

— J'avais décidé de faire ça tout seul, à mes risques et périls. Je les ai installées chez moi, dans ma grange, et je me suis mis à les éduquer, à les habituer peu à peu au froid. J'en suis déjà à la troisième génération. Elles sont résistantes au froid. J'ai fait un exposé sur mon travail, et ils se sont tous comme qui dirait fichus de moi. Du coup, j'ai écrit une lettre. Ben quoi ? Je l'ai envoyée directement à l'Académie. Ça fait moins de deux semaines, et j'ai reçu une convocation. J'ai pas dit un mot, j'ai pris un congé, et voilà, je suis parti. On est comme ça dans la famille – quand on a décidé quelque chose, on lâche pas le morceau…

Rudolf remue frileusement les épaules. Le gars s'adresse à lui.

— Vous, par exemple, excusez-moi, c'est quoi, votre spécialité ?

— Moi ? Je suis dans la médecine.

— Ça, c'est bien, c'est bien. Alors vous aussi, vous êtes capable de comprendre une idée biologique. Sur la transmission héréditaire des qualités sous l'influence de l'éducation… je veux dire d'une éducation appropriée.

— Aaah…, répond Rudolf d'une voix traînante. Vous savez, je suis microbiologiste, j'ai bien peur que l'objet de mes études ne soit soumis à d'autres lois.

— Comment ça, d'autres lois ? Comment ça, d'autres lois ? dit le jeune homme en s'échauffant. Nous sommes tous soumis à la même loi, la loi marxiste-léniniste !

— Mais mangez donc, allez, mangez…, dit la dame avec sollicitude.

— Ça, c'est incontestable, cela ne fait pas le moindre doute ! acquiesce Rudolf avec sérieux. Seulement mes microbes, eux, ne sont pas au courant.

— À notre époque, tout le monde doit le savoir ! poursuit le jeune homme avec emportement. L'année dernière, en février, la température moyenne a été de – 29°. Et mes oies l'ont parfaitement supporté ! Alors que ma grange est en contreplaqué, autrement dit – en rien du tout. Et si l'expérimentation est menée, disons, sur des bêtes à cornes, si on éduque tout notre bétail, si on l'habitue au froid, plus besoin de construire d'étables ! Ça fera de sacrés profits pour l'État, ça...

La porte s'ouvre, et la responsable du wagon passe la tête dans le compartiment.

— Je peux vous envoyer une petite vieille qui est debout sur la plate-forme ? Vous n'avez rien contre ? Juste pour quatre heures, d'accord ?

— Mais oui, elle n'a qu'à venir s'asseoir ! dit le jeune gars en s'écartant pour libérer de la place, et une petite vieille munie de baluchons se faufile à l'intérieur.

— Serait-il possible d'avoir du thé ? demande Rudolf à la responsable du wagon.

— Comment ça, du thé ? Pas avant demain matin, maintenant, répond la responsable d'un ton tranchant. Vous en avez déjà eu, du thé !

Les gens commencent à s'installer pour la nuit. Rudolf grimpe sur une couchette du haut, l'homme au visage asymétrique s'allonge sur une couchette du bas après avoir enlevé ses bottes d'aviateur bordées de fourrure. La petite vieille, ramenant sous elle ses pieds chaussés de grandes savates éculées, se blottit dans un coin au pied de sa couchette. Le jeune homme sort et va sur la plate-forme.

Sur la plate-forme, il y a une cage avec deux oies. Il se penche et, après avoir caressé un cou qui sort de la cage, fourre dans le bec des oiseaux réveillés des morceaux de pain détrempés.

— Mais oui, ma belle, mais oui ! On va à l'Académie ! dit-il en tapotant l'épais cou blanc.

Rudolf s'enveloppe dans la légère couverture du train, il met sa chapka en fourrure.

L'homme au visage asymétrique demande à voix basse à Ludmila Ignatievna :

— Vous êtes de Moscou ?

— Oui, je suis une Moscovite de souche. J'habite rue des Bois depuis ma naissance.

— La rue des Bois, c'est où ?

— Près de la gare de Biélorussie.

— Ah oui, je sais où c'est ! Vous pourriez peut-être m'inviter chez vous ?

— On se connaît à peine, et vous voulez déjà que je vous invite !

— Si vous m'invitiez, on pourrait apprendre à mieux se connaître… Vous me donnez votre adresse ?

La vieille femme examine avec attention les bottes de l'homme au visage asymétrique posées devant elle. Elles sont belles, ces bottes.

Et de nouveau un train qui roule à travers un désert enneigé. À la lueur des phares, des tourbillons de neige, des congères…

La responsable du wagon ouvre la porte du compartiment, un verre de thé à la main.

— Hé, qui est-ce qui voulait du thé ? C'est ici ?

Tous dorment encore. Rudolf Mayer se penche depuis la couchette du haut et prend le thé.

— Merci, merci beaucoup !

— Oh, pas de quoi !

Elle sort. Elle s'approche du poêle, elle lave des verres. La porte donnant sur la plate-forme est entrouverte. Les passagers se réveillent. Le train ralentit.

— Vous voulez bien sortir, s'il vous plaît, il faut que je m'habille ! réclame Ludmila.

L'homme au visage asymétrique s'est réveillé, il tâtonne pour trouver ses bottes. Elles ne sont plus là. La petite vieille non plus. En revanche, il y a par terre des chaussures de femme à lacets éculées.

— Elle les a fauchées ! Ça alors ! Elle les a fauchées ! s'exclame joyeusement le jeune homme.

— Qui a fauché quoi ? demande le propriétaire des bottes sans comprendre. Comment ça ? Je vais lui apprendre, moi ! Passe-moi tes chaussures que j'aille voir dans la gare ! demande-t-il au jeune homme.

— Mais moi aussi, il faut que je sorte ! Comment je ferai ?

— Ça alors, non mais ça alors ! s'exclame Ludmila en réprimant un fou rire.

— Et vous, excusez-moi, vous ne sortez pas ? demande la victime à Mayer d'un air suppliant. Je pourrais mettre vos chaussures, hein ? Il faut absolument que je descende dans cette gare…

Mayer fronce les sourcils et demande :

— Mais de quoi s'agit-il ?

— Vous comprenez, cette petite vieille m'a fauché mes bottes, il faut que j'aille dans la gare, que je téléphone pour qu'on l'arrête ! dit avec véhémence l'homme au visage asymétrique.

— Bon, d'accord, mettez-les, répond Rudolf d'un air dégoûté.

Et son voisin enfile ses chaussures.

Le bureau de télégraphe de la gare. L'homme au visage asymétrique ouvre brusquement la porte.

— Vous allez où ? C'est interdit d'entrer ici ! crie l'employée.

L'homme sort un papier et le lui fourre sous le nez. Elle se tasse sur elle-même. Il s'assied sur une chaise.

— Mets-moi en communication avec…

Et de nouveau le train. Cette fois il traverse des régions habitées de Russie centrale, il approche de Moscou.

Moscou. La gare de Kazan. Les passagers descendent du wagon. Mayer se traîne, l'air abattu. La foule se disperse. Il ne reste plus près du wagon que le gars avec la cage dans laquelle sont entassées les oies congelées. Il est accroupi devant et murmure :

— Mais c'est quoi, ça, hein ? C'est quoi ? Il faisait pas si froid, quand même !

Les larmes coulent sur son visage rougeaud de gaillard en bonne santé.

Chez les Jourkine. C'est le matin. Une table ronde sans nappe, une poêle est posée dessus. Un mode de vie avec de forts relents de communisme de guerre. Ida Grigorievna Jourkina, une femme assez laide mais au regard ardent, pose le journal et explique à son mari :

— Non, Alexeï, toi, tu ne les as pas rencontrés. Mais moi, je les ai connus ! Quelles gens exceptionnels c'étaient ! Courageux ! Intrépides ! Talentueux ! C'étaient des amis de mon père, et les dernières années de sa vie, alors qu'il était cloué au lit, ils venaient tout le temps le voir, je les connaissais tous, tous, et je les aimais, je les admirais ! Je n'y comprenais rien, bien sûr, je ne pouvais pas, je n'étais qu'une gamine, mais mon père non plus ne comprenait pas, et pourtant il était d'une intelligence, d'une honnêteté et d'un courage extraordinaires – mais tu le sais !

Eh bien tous, ils ont mal tourné. Tous ! J'ai pleuré en lisant leurs déclarations, et plus tard, à leurs procès. C'est inimaginable ! Mais il y a là une sorte de loi fatidique : l'intelligentsia n'a pas suivi le Parti jusqu'au bout. Ils ont mal tourné. Et les horribles racines qu'ils ont eu le temps de développer, il faut les brûler au fer rouge. Sinon, la révolution va périr !

Alexeï Ivanovitch écoute attentivement en grattant les restes de pommes de terre dans la poêle avec sa fourchette.

— Tu as raison, bien sûr, je ne dis pas le contraire, fait-il mollement remarquer.

Ida ouvre le journal posé sous son coude et se met à chercher le passage voulu.

— C'est quelque part par là… Attends une minute…

Elle feuillette le journal, mais n'arrive pas à trouver ce qu'elle cherche. Alexeï consulte sa montre.

— Il faut que j'y aille, Ida. Je rentrerai tard, j'ai une commission aujourd'hui.

Il se lève de table, et Ida continue à feuilleter le journal, en vain…

L'appartement des Goldine, un appartement « de professeur ». Un petit déjeuner est disposé sur un plateau : un œuf dans un coquetier, de la marmelade – tout est présenté « comme sous l'ancien régime », ou à l'européenne. La domestique

Nastia, une femme soignée et plus très jeune, apporte le plateau dans la salle à manger. Elle le pose sur la table et frappe à une porte qui donne sur la salle à manger. Elle crie :

— Ilya Mikhaïlovitch ! Le petit déjeuner est servi !

La porte s'ouvre, Ilya Goldine sort. C'est un homme grand, corpulent, assez âgé et, ma foi, à l'air plutôt revêche.

— Merci, Nastia !

Il crie :

— Sonia ! Qu'est-ce que tu fais ?

Il parcourt le journal en diagonale. Entre Sonia, sa femme – des cheveux gris, belle, sèche.

— Je suis le premier, comme toujours ! Où est Léna ?

— Elle est partie tôt ce matin, elle a des problèmes avec les employés du laboratoire.

— Pour autant que je puisse en juger, l'instruction qu'ils reçoivent est très mauvaise, vraiment très mauvaise ! déclare-t-il d'une voix ferme.

— Tu veux dire qu'à Vienne l'instruction était légèrement meilleure ? demande perfidement sa femme.

Et commence un petit jeu, un échange à mots couverts qu'ils sont seuls à comprendre.

— Oui, un tout petit peu. Mais c'est peut-être une impression…

— Ah ! Ilya Mikhaïlovitch ! Il me semble que vous faites preuve d'une admiration excessive pour la science bourgeoise ! Lorsque je faisais mes études à la Sorbonne, le système pédagogique était épouvantable ! Les appariteurs ne contrôlaient pas la présence des étudiants, vous vous rendez compte ?

— Quelle horreur ! *Sèttte umpossibll !*

Une pièce divisée par une cloison. Dans un lit, le couple Essinski. Ils ont dans les cinquante ans, mais Véra Anatolievna ne fait pas son âge. Son visage est jeune, animé, lumineux. Elle approche ses lèvres de l'oreille de son mari.

— Kostia, ils dorment ?

Constantin Alexeïevitch tend l'oreille.

— À mon avis, oui.

— Non, ça remue… Chut !

Derrière la cloison, dans un autre lit, un tout jeune couple. Le mari chuchote à sa femme :

— Tu crois qu'ils dorment ?

— Qu'est-ce que tu veux qu'ils fassent d'autre ? glousse la jeune femme au creux de l'épaule de son mari.

Véra, elle, murmure à son mari :

— C'est quand même épouvantable de vivre comme ça, dans la même pièce que sa fille adulte !

— Ça, c'est bien vrai ! chuchote son mari, et il la prend par les épaules. Je ne serai de retour qu'après-demain. Ce soir, j'ai une commission, et j'irai directement à la gare après.

— Tu ne repasseras pas par la maison ?

— Non, je n'aurai pas le temps. Je dois intervenir à Leningrad, je suis opposant à une soutenance de thèse. Je reviendrai le soir même.

Ils se taisent, car on entend de tendres gloussements de l'autre côté de la cloison.

Le colonel Pavliouk est debout devant une fenêtre. Un visage dur, aux traits réguliers. De la race des militaires. Sans se retourner, il dit à sa femme :

— Prépare-moi un repas à emporter, Natacha.

— Tu ne rentres pas déjeuner ?

— Je ne pourrai pas.

— Tu vas encore te passer de déjeuner ! Ton ulcère va se rouvrir, Sérioja, dit Natacha en enveloppant des sandwichs. Tu pourrais peut-être essayer de revenir ?

Une réponse laconique :

— Je n'aurai pas le temps.

Dehors, une voiture ronronne.

— J'y vais !

La porte d'entrée claque. La porte de l'ascenseur claque. Il est parti. Sa femme secoue la tête.

Tonia Sorina est devant son miroir. Elle épingle sur sa tête une grosse natte de faux cheveux. Son mari, Alexandre Matveïevitch Sorine, l'observe d'un air sombre. Son regard est lourd, rempli d'un agacement accumulé depuis longtemps.

— Tout est faux chez toi, Tonia. Y compris ta natte.

— Tu viens de le remarquer ?

— Non, ça fait longtemps. La première fois que j'ai trouvé ta fausse natte sur l'oreiller, j'ai failli en mourir de dégoût. Beurk !

— Mais t'es pas mort, tu m'as l'air encore bien vivant.

— Des mensonges ! Dès le début, tout n'a été que mensonges ! (Il renifle.) Tu te souviens de ce que tu m'as dit quand on s'est rencontrés chez les Brynov ?

Tonia, des épingles à cheveux plein la bouche, répond entre ses dents :

— Pourquoi tu veux que je m'en souvienne ? C'est toi qui as de la mémoire, t'as qu'à t'en souvenir toi-même.

— Je m'en souviens. Tu m'as menti, tu m'as dit que tu étais médecin, neurologue…

— Une bonne infirmière, c'est aussi bien qu'une neurologue ! Et si une infirmière, ça ne te plaît pas, je peux m'en aller. Tout de suite si tu veux.

— Et tu irais où, hein ? Où tu irais ? dit Alexandre d'un ton désespéré et plein de mépris.

— Je trouverai bien. Je retournerai là d'où je viens, répond Tonia avec insouciance.

On dirait qu'elle savoure son propre calme, alors que son mari, lui, s'échauffe de plus en plus.

— Je sais bien où tu irais ! Faire le trottoir.

— C'est pas tes oignons !

Elle se regarde dans le miroir avec satisfaction – cela lui fait une chevelure somptueuse, luxuriante.

— T'es une bonne femme complètement creuse, Tonia. Incapable de quoi que ce soit. Tu ne sais pas préparer de la soupe, tu ne sais même pas acheter un morceau de pain…

— Ben, quand tu arriveras dans ton service, t'auras qu'à envoyer Doussia, elle ira t'en acheter. Ou Alka. Elles se font un plaisir de te servir…, répond Tonia avec un ricanement impudent.

— Bon, on y va. On est en retard.

Alexandre Sorine se lève de la table vide en repoussant sa tasse.

— Vas-y, toi, je trouverai bien le chemin toute seule ! répond Tonia d'un ton sec, et elle se tourne de nouveau vers le miroir.

Alexandre sort de la maison en claquant la porte.

À l'hôtel Moskva, une femme de ménage est debout devant le bureau de la gérante.

— Quand je suis entrée dans la chambre, Tatiana Alexandrovna, j'ai rien compris. La housse de matelas était par terre, elle avait enlevé les draps du lit et les avait mis par terre… Vous vous rendez compte ?

— Comment ça ? demande la gérante, surprise.

Devant le bureau, Mayer, vêtu de sa veste fourrée et coiffé de sa chapka couverte de neige, attend sans rien dire qu'on le remarque. Mais elles ne lui prêtent aucune attention, elles poursuivent leur intéressante conversation.

— C'est comme je vous dis ! La housse était sur le tapis, et la couverture, l'oreiller, tout était par terre…

— Mais qu'est-ce que tu racontes, Tania ?

— Ben apparemment, elle a l'habitude de dormir par terre…

La femme de ménage pouffe.

— Ça a beau être député, c'est des sauvages, ces gens-là…

— Parce que tu croyais qu'il suffisait de s'accrocher une décoration sur la poitrine… ?

— Excusez-moi, intervient Mayer, vous voulez bien chercher ma réservation ? Je m'appelle Mayer.

La gérante feuillette des papiers d'un air mécontent.

— Oui. Chambre 36. Votre passeport ! dit-elle sans lever la tête, et elle se concentre sur le passeport.

Une Turkmène surgit au bout du couloir. Grande, élancée, couverte de lourds bijoux en argent – des bracelets, des boucles d'oreilles, des bagues. Sur sa robe en soie rayée, au milieu de l'argent mat et de la cornaline, des décorations, des insignes, un ordre de Lénine, c'est tout juste s'il n'y a pas des médailles sportives. Tout un attirail en métal brillant et cliquetant. Elle s'approche du bureau. S'arrête, sourit aimablement. Elle a des sourcils en arcs de cercle, de longs yeux étroits, des joues creuses, des lèvres épaisses – c'est une beauté. Mayer la regarde avec attention. Elle sourit timidement.

— Vous me donnez froid ! dit-elle en serrant son châle sur ses épaules.

— C'est notre climat qui est comme ça, on ne peut rien y faire ! répond Mayer en souriant et en examinant cette curiosité orientale.

— C'est pour ça que je rentre chez moi, à Achkabad ! Là-bas, il fait chaud, dit-elle.

Et, tournant vers la gérante un menton au bout d'un long cou, elle déclare d'un ton presque impérieux :

— Voici la clé.

Et elle s'en va. La gérante et la femme de ménage sont sidérées.

— Ça se prend pour une reine, et ça dort par terre ! se contente de dire la femme de ménage.

Mayer saisit son passeport, la clé de sa chambre et s'engage dans le couloir en souriant.

La chambre n'est pas très grande. Mayer regarde autour de lui, enlève sa veste fourrée, frotte ses mains glacées. Il compose un numéro de téléphone.

— Bonjour Lora ! Je suis là pour trois ou quatre jours. Je suis venu faire un exposé… Non, non, je suis descendu à l'hôtel Moskva. Je passerai sans faute. Je suis frigorifié, j'ai peur d'avoir pris froid… Non, je viendrai quand même, cela fait longtemps qu'on ne s'est pas vus. J'ai un service à te demander. Il est possible qu'Ania arrive demain. Tu veux bien l'accueillir quelques jours ?… Toute seule, toute seule, sans sa fille… Qu'est-ce que tu veux que je te dise ? C'est toujours la même chose… Elle regarde fixement devant elle, elle ne mange presque rien… Non, elle ne bouge pas… Dans son fauteuil. Le soir, je la mets au lit… Non, elle ne fait plus de crises… Tu te trompes, ma chérie, ça ne fait pas cinq ans, mais déjà huit. Enfin, pas la peine de parler de ça. À demain.

Il se regarde dans le miroir, se passe la main sur la joue. Sa barbe a poussé. Il sort dans le couloir et demande à une femme de ménage :

— Y a-t-il un barbier dans l'hôtel ?

— Oui, bien sûr, au rez-de-chaussée.

Il regarde sa montre… et se dirige vers l'ascenseur d'un pas vif.

On voit se refléter dans un miroir les mains d'un barbier qui passe adroitement la lame d'un coupe-chou sur la joue de Mayer. La voix du barbier :

— Dix minutes plus tard, et j'étais parti. Vous avez de la chance !

Mayer tousse, il veut se couvrir la bouche, mais il est enveloppé dans un drap. Le barbier lui caresse l'épaule et écarte le rasoir.

— Allez-y, toussez tranquillement !

Mayer, d'un ton d'excuse :

— J'ai dû prendre froid dans le train... Il y avait un courant d'air.

Le barbier essuie la lame, elle étincelle.

— Y en a qui trouvent que mon rasoir est dangereux, ils ne comprennent pas qu'il rase bien mieux. Et puis il est beau... Levez le menton, s'il vous plaît... Voilà !

Mayer penche la tête en arrière, le barbier approche la lame de son cou. Brusquement, Mayer baisse la tête, pris d'une quinte de toux. Le barbier n'a pas le temps d'écarter la main, et une minuscule égratignure apparaît sur la joue de Mayer.

— Oh, Seigneur ! s'exclame le barbier. Ça ne m'était jamais arrivé ! Mais aussi, vous avez bougé !

Il s'affaire, verse de l'eau de Cologne sur une petite serviette qu'il applique sur l'écorchure.

— Ce n'est pas grave ! dit Mayer pour le tranquilliser. J'ai eu une quinte de toux...

— Une seconde, une seconde ! J'ai aussi de l'alcool, ça désinfecte mieux que l'eau de Cologne. Une seconde !

— Ce n'est rien, ne vous en faites pas !

— Ce n'est rien, ce n'est rien... C'est vous qui le dites ! (Le barbier est bouleversé.) Cela n'était jamais arrivé que quelqu'un sorte de mes mains dans cet état... Si je vous disais qui j'ai pu raser dans ma vie, qui est passé entre mes mains, vous ne me croiriez pas ! J'ai travaillé au Kremlin !

Il montre du doigt le ciel.

— Avec ce rasoir-là ! Tout le monde me connaît ! Kotikov, Véniamine Alexeïevitch Kotikov !

L'écorchure saigne. Le barbier se démène, il enlève la serviette et en applique une autre. Mayer sourit.

— Ne vous mettez pas dans un état pareil, Véniamine Alexeïevitch ! Chez moi, je me rase toujours avec un rasoir de sûreté. Avec un truc pareil, je me blesserais tous les jours ! Calmez-vous, je vous en prie, ce n'est pas grave…

Une réunion de la commission du commissariat du peuple à la Santé. Huit personnages importants écoutent attentivement l'exposé de Mayer. L'un d'eux est en uniforme militaire. C'est le colonel Pavliouk. Mayer termine son intervention.

— Maintenant, comme vous le voyez, il est tout à fait évident que le choix de cette souche hautement virulente était parfaitement justifié. Et bien que, à mon avis, le travail ne soit pas encore complètement achevé, au fond, tout est déjà fait, et nous disposerons bientôt des premiers échantillons d'un nouveau vaccin. Il fonctionne contre toutes les souches connues de la peste.

Essinski pose une question :

— Dites-moi, je vous prie, Rudolf Ivanovitch, à votre avis, combien de temps cela prendra-t-il pour que le vaccin soit industrialisé, et jusqu'à quel point sera-t-il compliqué à produire d'un point de vue technique ?

Mayer s'essuie les tempes avec la main, il a du mal à saisir le sens de la question. On voit qu'il ne se sent pas bien du tout.

— Pour définitivement... Il nous faudra un mois et demi pour être complètement sûrs de notre préparation. Trois mois seront nécessaires pour les expérimentations, puis pour la production par notre Parti plein d'expérience. Quant au reste, cela ne dépend pas de moi. Plutôt du financement de la production, de son organisation. Pour ce qui est de la technique... Il n'y aura en principe rien de nouveau, à part des exigences accrues dans le domaine de la sécurité.

Vsévolod Grigoriev, le président de la commission, regarde sa montre.

— Camarades ! Nous assistons aujourd'hui à un événement d'une exceptionnelle importance pour, je dirais, l'humanité entière ! La création de ce vaccin représente un pas de plus vers la victoire totale du communisme dans le monde entier, une preuve de plus du triomphe de la sage politique de Staline. Félicitons Rudolf Ivanovitch. Merci pour votre travail, pour votre exposé. Passez me voir demain à mon bureau vers deux heures, il va falloir mettre au point la décision.

Les membres de la commission s'animent, ils se détendent et commencent à se disperser petit à petit. Essinski s'approche de Mayer.

— Toutes mes félicitations, Rudik ! C'est un travail brillant !

Mais Mayer se frotte les yeux et ne répond pas.

— Qu'est-ce que tu as ? Tu es fatigué ?

— C'est rien de le dire…

Le colonel Pavliouk s'approche de Grigoriev.

— Nous allons avoir une petite conversation concernant ce travail, Vsévolod Alexandrovitch. Je pense qu'il va falloir le classifier et le transmettre à notre institution. Réfléchissez-y. Pour l'instant, il faut remettre la décision à plus tard.

Grigoriev hoche la tête, il a compris.

Essinski s'approche de nouveau de Mayer.

— Mais qu'est-ce que tu as, Rudolf ? Tu veux que je fasse venir une voiture ?

— J'ai dû prendre froid dans le train. J'ai bien peur que ce ne soit une pneumonie qui commence, dit-il avec difficulté. Ce sera le clou du programme !

— Attends, je vais demander qu'on te reconduise en voiture. Où es-tu descendu ?

Une voiture arrive devant l'hôtel particulier abritant le présidium de l'Académie des sciences, sur la Solianka. Essinski aide Mayer à monter à l'arrière et fait signe au chauffeur de partir.

— Remets-toi vite, Rudolf ! Appelle-moi après-demain, je serai revenu de Piter et je passerai te voir. Et encore bravo !

— Merci, Kostia…

Dans un compartiment, Ania est seule avec une femme âgée à l'air distingué. Il y a des verres de thé sur la tablette. La pénombre douillette d'un train de nuit.

— Cela ne m'était jamais arrivé de ma vie de voyager comme ça, dans un compartiment ! Déjà en allant à la gare, j'avais l'impression de me rendre à une fête ! Et voilà que je tombe sur vous ! Quelle surprise ! Maman m'a tellement parlé de vous ! Lénotchka Braslavskaïa ! Elle m'avait même parlé de votre pharmacie et m'avait montré l'immeuble dans lequel elle se trouvait.

— Rue de la Noblesse…, dit la dame âgée, presque dans un murmure.

— Oui, c'est ça, rue Gogol ! Vous savez, Eléna Yakovlevna, j'ai toujours le coffret en bouleau de Carélie de maman avec ses lettres, et il y en a beaucoup de vous.

— C'est moi qui avais offert ce coffret à Nadia pour ses seize ans. Le 12 mai 1910.

— Oui, l'anniversaire de maman tombait le 12 mai ! Vous vous en souvenez…

— Je me souviens de tout, mon enfant.

Absolument de tout. Comment on allait faire du patin à glace, et le jour où nous avons été invitées à notre premier bal, et la fois où nous sommes tombées malades de la scarlatine en même temps, ensuite, nous sommes retournées au lycée le même jour, et nous avons pleuré de joie. Nous avons eu une enfance exceptionnelle, une enfance extraordinairement heureuse. Que de gaieté, que de musique ! Nadia était si bonne musicienne !

— Oh oui ! Seulement elle n'a pas réussi à faire une carrière d'interprète. Elle a enseigné toute sa vie, et m'a fait travailler la musique depuis ma petite enfance. Moi aussi, je suis professeur de musique, Eléna Yakovlevna, dit Anna en souriant.

— Et vous ressemblez à votre maman, vous lui ressemblez beaucoup ! Plus je vous regarde, Ania, plus je trouve de traits communs.

— Maman disait que vous vous étiez quittées avant la révolution, avant la guerre. Elle pensait que vous viviez en Bulgarie… ou en France.

— Non, cela ne s'est pas du tout passé ainsi. Avant la guerre, je suis allée en Perse avec mon mari. Il était diplomate sous le gouvernement tsariste. Ensuite, nous avons vécu à Istanbul. Nous sommes revenus en Russie pendant la révolution. Mon mari faisait partie des rares diplomates qui se sont mis au service du nouveau gouvernement. Mais mes parents, eux, ont émigré.

Il y a longtemps que je ne sais plus rien d'eux. Je pense qu'ils ne sont plus de ce monde... Et je ne sais pas si mon mari est en vie. Il a été... Bref, privé du droit de correspondance... Je les ai tous perdus, tous..., déclare Eléna Yakovlevna tranquillement, sans émotion. Quelle ironie du sort ! Il y a cinq ans, Nadia était encore vivante et je ne le savais pas... Votre famille était remarquable, Ania. Votre grand-père était président de l'assemblée de la noblesse de Saratov.

Ania est ébahie.

— Ça alors ! C'est la première fois que j'entends ça. Maman ne me l'avait jamais dit...

— Bon, alors faites comme si moi non plus, je ne vous avais rien dit. Il y a beaucoup de choses qu'il vaut mieux ne pas savoir... Tout est si difficile, si difficile... Cela fait cinq ans que je ne sais pas où se trouve mon mari. Je vais justement consulter des archives... Je voudrais me faire délivrer au moins un document quelconque...

Le vieux Kossel, coiffé d'une toque et chaussé de grands caoutchoucs, est debout devant le bureau de la gérante de l'hôtel avec sa mallette de médecin.

— On m'a appelé pour la chambre n° 36. C'est vous qui m'avez téléphoné ? demande-t-il d'un ton sévère.

— Oui, on a un client qui est tombé malade,

il a demandé qu'on fasse venir un médecin. Je vous accompagne.

Elle se lève et conduit Kossel à la chambre. Celui-ci frappe. Après un silence, on entend la voix de Mayer.

— Entrez !

La gérante entre dans la chambre avec Kossel.

— Voilà le docteur.

— Merci beaucoup, répond Mayer.

Il est couché dans le lit sous la couverture de l'hôtel, avec sa veste fourrée par-dessus. Il est secoué de frissons.

La gérante sort, et Kossel enlève son manteau. Il s'approche de la lampe de chevet et réchauffe ses mains glacées au-dessus de l'ampoule.

— Alors, qu'est-ce qui vous arrive ? demande-t-il en sortant des papiers. Vos nom et prénom…

— Mayer, Rudolf Ivanovitch.

— Quand êtes-vous arrivé chez nous, Rudolf Ivanovitch ? demande le vieillard comme s'il avait besoin de le savoir, non pour remplir des papiers mais parce que cela l'intéressait vraiment.

— Hier soir.

Il tousse.

— Bon, on va vous ausculter…

Kossel va se laver les mains, revient et s'assied sur une chaise au chevet de Mayer.

— Je vois que vous avez des frissons, et pas

mal de fièvre. Mais il va quand même falloir vous déshabiller pendant une minute, dit Kossel d'un ton d'excuse.

Mayer écarte la couverture avec difficulté, il se déshabille. Le médecin pose sa paume sous sa gorge, puis il tapote, applique son oreille sur sa poitrine, sur son dos.

— Vous toussez ?

— Oui, beaucoup. Et j'ai du mal à respirer. J'ai l'impression que toute ma poitrine est prise, répond Mayer.

Il a une quinte de toux.

— Oui, oui... je vois, répond Kossel. Respiration difficile, râles, surtout du côté gauche. Je pense que c'est une pneumonie croupeuse. Il faut vous hospitaliser.

Mayer se met soudain à parler de façon assez confuse :

— On vous appelle au téléphone ! Vite, vite ! Dépêchez-vous !

Kossel le regarde avec attention.

— Qu'avez-vous dit ?

— Les petites filles sautent, attention, elle va tomber...

— Hum... Cela va vraiment très mal, mon cher ! marmonne Kossel, et il compose un numéro de téléphone.

Une ambulance remonte la rue Pétrovka, longe le monastère Pétrovski, passe devant les portes

Pétrovski et tourne en direction du portail de l'hôpital Catherine. Il tombe de gros flocons d'une neige clairsemée. Il est tard. Il n'y a presque aucun passant. Tout semble se dérouler au ralenti : la neige tombe lentement, la voiture avance lentement, le portail s'ouvre comme à contrecœur.

Dans la salle des urgences, le docteur Sorine est de garde. On amène Mayer sur une civière.

— Mettez le malade là, dit Sorine aux brancardiers. Et posez les papiers sur la table.

— Voilà. Signez, dit un brancardier en lui tendant un papier.

Sorine signe. Les brancardiers s'en vont. Sorine examine les papiers, regarde Mayer de loin et décroche un téléphone.

— Poste n° 2 ? Léna ? Nina Ivanovna n'est pas chez vous ? Si vous la voyez, dites-lui qu'elle revienne d'urgence à son poste ! C'est fou, ça !

Il ausculte Mayer. Celui-ci est à demi inconscient, il tousse et crache une écume d'un blanc rosâtre. Sorine approche cette écume de la lampe et l'examine, il lui tâte les aisselles et l'aine. Il remarque l'écorchure sur sa joue.

Il prend la veste de Mayer et sort ses papiers de la poche intérieure : une carte du Parti, un livret militaire, une carte de l'hôtel Moskva avec un numéro de chambre, le 36…

Le dernier document qu'il examine est un laissez-passer sur lequel est écrit « Institut de recherches sur la peste ».

Il s'approche de Mayer. Celui-ci a les yeux fermés. Il tousse. Sorine regarde de nouveau les papiers.

— Malade, est-ce que vous m'entendez ? demande-t-il. Vos nom et prénom…

Il le regarde en attendant sa réponse.

— Oui, oui… Mayer Rudolf Iohann… Ivanovitch. Le masque, le masque… Il s'est détaché. C'est un accident, marmonne Mayer.

Surgit une scène décalée et floue : le téléphone sonne, on frappe à la porte, la voix de Galia, la gardienne, l'exclamation de Mayer – J'arrive ! –, le bord du masque qui se détache, le joint d'étanchéité qui glisse…

— Le masque… le masque… On vous demande au téléphone…, balbutie Mayer.

— Bon. Il délire, constate Sorine, et il compose de nouveau un numéro de téléphone.

Il déshabille Mayer avec précaution, sort d'un placard une chemise de l'hôpital, remplit une seringue avec un liquide…

Tonia Sorina se trouve sur le palier avec son amie Nina Ivanovna, l'infirmière du service des urgences. Nina Ivanovna fume. Tonia parle.

— Tu comprends, il s'imaginait que j'allais lui servir de maman, lui mijoter des petits plats et le faire manger à la petite cuillère. Et ça, je ne veux pas !

— Mais qu'est-ce que tu veux vraiment, Tonia,

réfléchis ! Quand tu t'es mariée, à quoi tu t'attendais ? Tu croyais que c'était ton mari qui allait te faire à manger ?

— Si tu savais quels soupirants j'avais ! dit Tonia avec orgueil.

— Les soupirants, ils peuvent bien être tout ce qu'on veut – quand on se marie, ça finit toujours de la même façon : on se retrouve à faire la cuisine et à laver des chaussettes puantes. Quand bien même ils seraient parfaits, ces soupirants ! Ton Alexandre, c'est quelqu'un de très bien, c'est moi qui te le dis ! insiste Nina Ivanovna.

— Mais je m'ennuie avec lui, Nina, je m'ennuie ! Pas de cinéma, pas de théâtre, pas de danses. Quand il n'est pas de garde, il est plongé dans ses livres de médecine. Je suis jeune, quand même… Et en plus, il est juif… !

— Alexandre Matveïevitch, ouvrez ! Pourquoi vous vous êtes enfermé ?

C'est l'infirmière qui revient de sa pause cigarette.

— On est devant une crise sanitaire, Nina Ivanovna. J'ai fermé cette porte à clé, et on va sans doute décréter une quarantaine.

— Quoi ? Que se passe-t-il ? Excusez-moi, Alexandre Matveïevitch, je me suis absentée un moment…

— Cela n'a plus aucune importance maintenant. C'est peut-être mieux comme ça. Allez chercher la clé à la réception, et fermez la porte du service des urgences de l'extérieur.

— Alexandre Matveïevitch ! Ouvrez-moi ! crie Nina Ivanovna.

Elle continue à frapper, mais Sorine ne dit plus un mot. Il recouvre Mayer, qui tousse et qui gémit, et poursuit son examen.

— Vous vous l'êtes faite comment, cette écorchure ?

— C'est son rasoir… Celui du barbier… Une lame magnifique…

Sorine prend le téléphone.

— Larissa Grigorievna ! Passez-moi de toute urgence Lev Sikorski, s'il vous plaît… Dans ce cas, donnez-moi son numéro personnel. C'est d'une extrême urgence. Sinon, je ne le dérangerais pas… Oui, j'en prends la responsabilité. Je note.

Il note le numéro, raccroche et compose un nouveau numéro.

— Je voudrais parler à Lev Alexandrovitch, je vous prie. Je suis le docteur Sorine, médecin de garde au service des urgences de l'hôpital. Je vous demande de me le passer, c'est extrêmement urgent, une affaire de la plus haute importance… Non, je ne peux pas prendre de décision sans lui… Écoutez, c'est lui, le médecin-chef de l'hôpital, et il y a des décisions que je ne peux pas prendre tout seul. Oui, oui ! J'insiste !

Il attend.

— … Lev Alexandrovitch ! Ici Sorine. Un malade vient d'arriver aux urgences. Il y a une suspicion de peste. Pour autant que je puisse en juger, sous sa forme pulmonaire. La peste ! *Pestis* !… Bien sûr qu'il faut appeler un infectiologue. Malheureusement, je n'ai pas le moindre doute. Le tableau clinique classique. Et il y a encore une autre chose importante : le malade qu'on nous a amené travaille à l'Institut de recherches sur la peste… Oui, visiblement. Il est isolé. J'ai fermé la salle des urgences à clé. Par chance, l'infirmière était sortie au moment où on l'a amené. Je suis seul avec lui.

Sorine s'exprime avec précision, il s'est mis soudain à se comporter d'une façon qui ne lui ressemble pas, il a quelque chose de martial, presque de militaire.

— Il faut prendre des mesures de toute urgence. Instaurer une quarantaine, immédiatement… J'ai bien peur qu'une combinaison de protection ne me soit plus très nécessaire… Lev Alexandrovitch ! Je ne suis pas un étudiant, je suis un médecin !… Bien. Il me semble que le commissariat à la Santé ne va pas pouvoir régler cette situation. C'est du ressort d'une autre institution… Merci.

Sorine raccroche. Il s'approche de Mayer et l'installe plus confortablement. Il lui apporte de l'eau et le fait boire. Il lui met une compresse sur le front. Puis il prend un formulaire et se met à écrire : « Histoire de la maladie… »

Sorine se lève et se penche sur Mayer. Celui-ci ouvre les yeux.

— Mettez un masque… C'est dangereux… Une souche extrêmement virulente… Un masque… Le barbier, le barbier… C'est un détail… important… Le barbier de l'hôtel…

— Quoi ? Qu'est-ce que vous avez dit ?

Sorine est déconcerté : le malade délire-t-il, ou a-t-il conscience de ce qu'il dit ?

— Il faut l'isoler. Kochkine ou Kotov… Un nom qui commence par Ko…

Sorine se penche sur Mayer.

— Je n'ai pas compris. Vous avez dit quelque chose ?

— Le barbier de l'hôtel… En contact direct… Quarantaine… d'urgence…

Sorine hoche la tête.

— Oui, oui, bien sûr… Le barbier aussi. Je m'en occupe, ne vous en faites pas, Rudolf Ivanovitch.

Mayer s'agite, il a du mal à respirer. Une mousse rouge lui sort de la bouche. Son front ruisselle de sueur. Sorine lui essuie le visage.

Et il passe un nouveau coup de téléphone.

— Excusez-moi, Lev Alexandrovitch, c'est encore moi, Sorine. Le malade me fait remarquer qu'hier il a été en contact direct avec le barbier de l'hôtel Moskva. Il faut absolument l'isoler. Le malade ne se souvient pas exactement de son nom, Kochkine ou Kotov… Merci. Si on ne prend pas des mesures d'urgence, il y a un risque d'épidémie. Il faut commencer par l'isoler, lui. Immédiatement. Pour l'instant, on peut l'amener chez nous. Provisoirement. Mais de façon générale, il faut envoyer tous ceux qui ont été en contact avec lui à l'hôpital de Sokolinaïa Gora. Ils sont spécialisés dans les maladies infectieuses là-bas, c'est leur domaine…

Lev Sikorski est au téléphone, il parle avec le commissaire du peuple à la Santé.

— Ici Sikorski, le médecin-chef de l'hôpital Catherine. Yakov Stépanovitch ! Une affaire d'une extrême importance m'oblige à vous téléphoner à cette heure indue. Il y a la peste dans mon hôpital. La peste pulmonaire… Non, je ne peux pas venir vous voir, je suis déjà à l'hôpital… Oui, bien sûr. En fait, je suis déjà en quarantaine. Toutes les mesures ont été prises dans l'hôpital. Je resterai ici jusqu'à la levée de la quarantaine, aussi je vous demande de prendre les mesures nécessaires pour retrouver tous ceux qui ont été en contact avec nos malades et les isoler au plus vite. Je considère qu'il serait judicieux de se mettre sans tarder en liaison avec les organes de la sécurité nationale… À votre avis, qui est capable de retrouver toutes les personnes potentiellement contaminées, sinon eux ? Ici, dans la salle des urgences, nous avons placé deux personnes en isolement : le malade Mayer et le docteur Sorine, qui l'a reçu. C'est le premier groupe à risque. Il y a encore un autre porteur éventuel de l'infection que je vous demande d'isoler au plus vite, avec d'extrêmes précautions, et de nous amener aux urgences, c'est le barbier de l'hôtel Moskva, du nom de Kochkine ou Kotov... Il fait partie du premier groupe à risque. On reste en contact. J'attends votre coup de fil.

Le commissaire à la Santé devant le téléphone, il est plongé dans le désarroi. Il compose un numéro. Repose l'écouteur. Fait de nouveau le numéro.

Une série de coups de téléphone. On décroche des écouteurs, on compose des numéros, on raccroche. Toutes sortes de visages – des militaires, des civils, des supérieurs, des subordonnés...

Un couloir de l'hôpital. Deux hommes portant des masques font entrer le barbier dans la salle des urgences. Ils ferment la porte à clé.

— Vous comprenez ce qui se passe, vous ? demande l'un des deux hommes à l'autre.

— Vous êtes bien curieux, camarade lieutenant ! répond l'autre. Cela ne nous regarde pas.

— C'est juste que, d'habitude, on ne travaille pas comme ça… Qu'est-ce qu'on vient faire dans un hôpital ?

— Moins on en sait, mieux on se porte !

Sorine, assis à la table, se lève pour accueillir Véniamine Kotikov que l'on vient de pousser à l'intérieur de la pièce. Le barbier est affolé.

— Mais qu'est-ce qui se passe ? C'est mon jour de congé aujourd'hui, et brusquement, on vient me chercher, on m'embarque dans une voiture sans rien me dire… Je m'imaginais déjà Dieu sait quoi !

Sorine s'est préparé à cette conversation.

— Calmez-vous, je vous en prie. Je suis médecin, je m'appelle Sorine. Écoutez-moi bien, Véniamine Alexeïevitch. Nous avons été placés tous les deux en quarantaine, vous et moi. Nous avons été en contact avec un homme malade de la peste. Vous et moi. Hier matin, vous avez rasé un homme qui a été amené à l'hôpital il y a quelques heures. Le diagnostic préalable est celui de la peste, dit froidement Sorine.

— Mais qu'est-ce que vous racontez ? interrompt le barbier. De quelle peste vous parlez ? Et puis de quel droit ?

— La peste pulmonaire. Une maladie très contagieuse.

Le barbier enlève sa chapka et la plaque contre sa bouche et son nez.

— Voilà, vous avez parfaitement raison ! Moins vous parlerez, mieux cela vaudra. Maintenant, écoutez-moi avec attention. Nous sommes en quarantaine. Tout le rez-de-chaussée est bouclé. Je vais vous conduire dans la pièce voisine et vous y enfermer. On vous apportera à manger. Je n'entrerai pas, du moins pas tant qu'on n'aura pas constaté que vous avez besoin de moi, et que je suis en état de vous venir en aide. Levez-vous, on y va.

Le barbier se lève avec difficulté. Ses jambes se dérobent sous lui, il s'agrippe au médecin. Il a l'air pitoyable et extrêmement souffreteux. Sorine, lui, est de plus en plus calme et de plus en plus sûr de lui. Il l'emmène dans la pièce voisine, c'est la salle des infirmières.

— Installez-vous ici pour l'instant, conseille Sorine. Et attendez une minute, nous allons tout organiser.

Le barbier écarte la chapka de son visage et se met à hurler :

— Mon Dieu, mon Dieu ! Mais il faut que je téléphone chez moi ! J'ai une femme ! Une fille ! sanglote-t-il.

— On va les prévenir. Je vous recommande de ne pas quitter cette pièce.

Sorine sort en fermant la porte à clé derrière lui. Il traverse le couloir et s'approche de la porte qui mène à l'escalier. Il la pousse – elle est fermée à clé.

Il a fait la première chose indispensable : il s'est coupé du reste de l'hôpital.

Sikorski compose un numéro de téléphone. Au contrôle, le gardien décroche.

— Qui ça ? Ah ! Lev Alexandrovitch ! Je ne vous avais pas reconnu !

— Bonjour, Pétrovitch, bonjour. Voici mes ordres : ferme le portail à clé, transfère ta ligne sur mon poste et ne laisse entrer personne. Personne, tu as compris ? Même pas un animal, même pas un oiseau !

— Comment ça ? Mais il y a des ambulances qui arrivent, on amène des malades, eux non plus, faut pas les laisser entrer ? demande le vieillard, surpris.

— J'ai dit : personne. Uniquement avec mon autorisation personnelle. Et ne quitte pas ton poste un seul instant. Compris ?

— Comment je comprendrais pas ? Ça fait vingt ans qu'on travaille ensemble ! dit le gardien en hochant la tête, et il ajoute : Les ambulances non plus, faut pas les laisser entrer ?

— Je viens de te le dire : personne ! Je vais t'envoyer de l'aide, dit Sikorski, et il raccroche.

Le gardien ronchonne dans sa barbe :

— De l'aide, de l'aide… Comme si je pouvais pas me débrouiller tout seul…

Dans le cabinet de Sikorski. Il porte un masque. Il a rassemblé les médecins de garde de tous les services, ils sont une dizaine. Tous sont paniqués, ils chuchotent entre eux.

— C'est peut-être le Patron en personne ? demande un médecin à un autre d'un ton lourd de sous-entendus.

L'autre hausse les épaules.

— Pourquoi Sikorski nous a tous rassemblés ? C'est un contrôle ou quoi ?

— Ça n'y ressemble pas. Non. C'est autre chose.

Sikorski attend que le dernier médecin soit entré et il se lève. Tout le monde se tait.

— Chers collègues ! commence-t-il d'un ton solennel. Aujourd'hui, nous allons passer un examen de maturité citoyenne et médicale. Il y a un cas de peste dans notre hôpital.

Silence de mort. Sikorski poursuit :

— Il y a la peste pulmonaire dans la salle des urgences. Un de nos camarades s'est déjà enfermé avec le malade, si bien que le premier cordon sanitaire est déjà en place. Nous devons à présent faire tout ce qui est en notre pouvoir pour prévenir une épidémie. Nous en avons les capacités. Nous allons recevoir toutes sortes d'aides, mais il y a une série de mesures que nous devons prendre et mettre en œuvre nous-mêmes. Y a-t-il des infectiologues parmi vous ?

Au milieu des gens parfaitement immobiles, une petite femme se manifeste.

— J'ai travaillé sur des maladies infectieuses, dit-elle. Sur le choléra, en Asie centrale.

— Très bien. Je vous nomme mon assistante pour la quarantaine. Considérez que nous sommes en état de guerre. Alors voici mon premier ordre : fermer immédiatement tous les accès à la cage d'escalier et cesser tout échange entre les étages. Vous allez exécuter cet ordre dans une minute très exactement, une fois que nous aurons résolu ensemble encore une question extrêmement importante. En ce moment, il y a environ deux cents malades dans l'hôpital. Pour éviter la panique, nous devons proposer une version qui ne suscite pas trop d'anxiété. Nous allons annoncer qu'une quarantaine est déclarée en raison de...

— D'une hépatite infectieuse ? propose timidement quelqu'un.

— Non, ça ne va pas. On n'attrape pas deux fois la maladie de Botkine, et nous serions obligés de laisser sortir ceux qui l'ont déjà eue. Il nous faut une maladie contre laquelle on ne développe pas d'immunité.

— Le typhus épidémique ! s'exclame quelqu'un, et les médecins s'animent un peu.

— C'est trop grave !

— L'influenza ! lance la petite infectiologue.

— Parfait ! répond Sikorski. C'est une maladie dangereuse, mais à létalité relativement faible. Et puis le mot est joli, et pas tout à fait compréhensible. Donc, une quarantaine pour influenza. C'est la version que nous allons présenter aux malades mais, pour ce qui est du personnel médical, nous allons le réunir, mettre tout le monde au courant de ce qui se passe, et leur faire prendre conscience de la gravité de la situation. À présent, je vous demande de retourner dans vos services, et j'espère que nous nous sortirons avec honneur de ce... de cette mésaventure. (Il sourit brusquement.) Toutes les instructions seront données par téléphone. Bonne chance.

Sorine s'approche de Mayer, il l'installe plus confortablement, il lui donne à boire, lui met une compresse sur le front. Mayer a du mal à respirer. Sorine sort de la pièce et s'approche d'une porte.

— Vous êtes bien installé, Véniamine Alexeïevitch ? Vous n'avez besoin de rien ?

— Si, j'ai besoin de quelque chose ! Qu'est-ce que c'est que ça ? On vient vous prendre en plein jour ! De quel droit ? Il fait froid ici, apportez-moi une couverture.

— Entendu, répond Sorine sans ouvrir la porte.

Il retourne dans son cabinet, prend un autre formulaire, et écrit de nouveau : « Histoire de la maladie... ».

Le commissaire du peuple à la Santé est reçu par un Personnage Haut Placé qui parle avec l'accent géorgien. Le Personnage est déconcerté.

— Je ne comprends pas en quoi doit consister notre participation, Yakov Stépanovitch. S'il est question de sabotage, vous pouvez être certain que les coupables seront punis. Sévèrement punis ! Là, vous n'aviez pas besoin de vous adresser à nous ! Nous les trouverons ! Nous les punirons !

— Je présume qu'ici il n'est pas question de sabotage, dit le commissaire avec précaution, mais d'une négligence criminelle de la part d'un scientifique qui travaillait à la fabrication d'un vaccin contre la peste.

— La négligence criminelle aussi, ça se punit ! Il sera puni ! assure le Personnage Haut Placé sans en démordre.

Le commissaire à la Santé fait encore une tentative pour l'entraîner dans la direction voulue.

— Si d'ici quarante-huit heures tous ceux qui ont été en contact avec le malade ces deux derniers jours ne sont pas isolés, une épidémie de peste est possible.

— On a des listes ?

— Nous sommes en train de les établir. Si on tarde trop, il est difficile de se représenter l'ampleur de la catastrophe. Lors de la dernière épidémie mondiale de peste, un tiers de la population de l'Europe a péri.

— Un tiers ? s'exclame le Personnage, surpris.

— Oui. Un tiers, confirme le commissaire.

— C'était quand ? demanda le Personnage, curieux.

— Au XIVe siècle… Vers 1340, précise le commissaire.

— Tss, tss ! C'était quoi, la population de l'époque ? Trois fois rien !

— Dans une ville moderne, étant donné la densité de population, une épidémie de peste peut se répandre comme une traînée de poudre… Vous comprenez ? dit le commissaire d'une voix lasse.

— Bien ! (Le Personnage se lève.) Nous allons vous aider. Et pour les listes, et pour la liquidation…

Le commissaire se fige.

— Non, non, il s'agit juste d'une quarantaine, pas d'une liquidation. Il faut au plus vite retrouver et isoler tous ceux qui ont été en contact avec les malades. Plus vite ce sera fait, plus nous aurons de chances de stopper l'épidémie.

Le Personnage Haut Placé regarde le commissaire de haut et dit d'un ton légèrement narquois :

— Pour ça aussi, on va vous aider. On a les moyens qu'il faut…

Le commissaire à la Santé est en voiture. Il est assis à côté du chauffeur. Ils roulent à travers la ville nocturne. Il y a de la lumière uniquement aux fenêtres des administrations, les immeubles d'habitation, eux, sont plongés dans l'obscurité. De rares lampadaires. Il neige.

Le Personnage Haut Placé se lave les mains dans les toilettes, il regarde son reflet dans le miroir. Il prend une gorgée d'eau, se rince la bouche, recrache dans le lavabo.

On bloque le trafic sur la rue Pétrovka et sur le boulevard Strastnoï, on installe des sens interdits, des points de contrôle. Des camions militaires sillonnent la ville. Des colonnes de camions. Le quartier de Sokolinaïa Gora est bouclé.

Le commissaire à la Santé tient une réunion. L'écouteur du téléphone est posé à côté de lui, Sikorski est au bout du fil. Parmi les assistants, plusieurs fonctionnaires médicaux, plusieurs académiciens, des représentants du service de la sécurité d'État, et le Personnage Haut Placé.

L'infectiologue en chef fait son rapport.

— Il y a à l'intérieur de l'hôpital trois zones de quarantaine – par salle, par étage, et pour tout l'hôpital – qui sont prises en charge par le personnel médical. Mais nous ne pouvons pas nous occuper des deux zones extérieures, au niveau du territoire de l'hôpital et au niveau de sa surveillance extérieure.

— Notez, notez ! dit le Personnage à son assistant.

L'infectiologue en chef :

— Les contacts sont répartis en trois groupes. Le malade a été en contact avec des voyageurs dans le train, avec ses collègues de la commission et avec des gens dans l'hôtel. Le contingent le plus dangereux, c'est celui de l'hôtel, compte tenu du fait que les contacts ont eu lieu à un stade de la maladie où le malade était particulièrement contagieux. Ce sont les gens qu'il a vus durant les dernières heures précédant son hospitalisation. En particulier, les employés de l'hôtel. Je fais remarquer par ailleurs que, durant les quarante-huit heures à venir, les contaminés ne présentent pas encore de danger pour leur entourage. C'est pourquoi l'isolement total de tous ceux avec qui il a été en contact peut nous garantir le succès. D'un autre côté, si l'un des passagers du train a été contaminé, il peut à son tour devenir une source de propagation de la maladie.

Entre les mains de quelqu'un, une feuille de papier sur laquelle il est écrit :

1) Hôtel : Kotikov, Alexandrovna, Sozonova, Anadourdyeva…

Le premier nom est déjà barré, celui d'Anadourdyeva est marqué d'une croix.

La feuille de papier est mise de côté, on découvre la feuille suivante :

2) Liste des membres de la commission du commissariat du peuple à la Santé.

Une main trace des croix devant des noms.

Des fourgons cellulaires, des « corbeaux », sortent tous en même temps d'une porte de garage grande ouverte et se dispersent à travers la ville endormie.

On est en pleine nuit. Pas un souffle de vent. La neige, qui est tombée toute la soirée, semble s'être lassée. Dans le silence, le bruit très net de véhicules qui approchent. Deux fourgons s'arrêtent. De l'un d'eux jaillissent huit soldats vêtus de veste fourrée et, de l'autre, deux hommes en combinaison de protection. Les soldats établissent un cordon de sécurité devant un immeuble et forment un couloir le long duquel les deux hommes en combinaison courent vers l'entrée. Ils disparaissent à l'intérieur.

Grigoriev, le président de la commission, est en train de dormir dans son appartement. On sonne à la porte. La tête de sa femme couverte de papillotes se dresse sur l'oreiller.

— Volia, on sonne ! Volia !

Ses yeux sont remplis de terreur.

— Mmm..., grogne Grigoriev à moitié endormi. Mmm...

— Volia ! On sonne ! (Elle s'assied sur le lit.) J'ouvre ?

— Quoi ? s'écrie Grigoriev en se réveillant. Qui est-ce qui sonne ?

— Je ne sais pas. J'ouvre ? demande sa femme en enfilant déjà son peignoir.

— Demande qui c'est, dit Grigoriev complètement réveillé. Non, n'y va pas, je vais ouvrir moimême, ajoute-t-il en arrêtant sa femme.

Il sort dans le couloir, ouvre brusquement la porte, et fait un bond en arrière en voyant les deux silhouettes en combinaison de protection. Une voix assourdie demande :

— Camarade Grigoriev ?

— Oui, c'est moi.

— Vous êtes prié de vous habiller immédiatement et de nous suivre.

— Qu'y a-t-il ? Que se passe-t-il ? demande Grigoriev.

— Vous recevrez toutes les explications une fois sur place. Vous pouvez dire à votre famille qu'on vous a convoqué d'urgence pour raisons professionnelles.

Sa femme passe la tête dans l'entrée et, en voyant les deux épouvantails en combinaison, pousse un cri perçant.

— Préparez-vous le plus vite possible, ne prenez pas d'affaires. Nous vous attendons derrière la porte, déclare le masque d'une voix sourde et mystérieuse.

Et la porte d'entrée se referme.

Les deux hommes en combinaison de protection sont derrière la porte, l'un à droite, l'autre à gauche. La porte s'ouvre et Grigoriev sort, vêtu d'une pelisse et coiffé d'une chapka. L'un des deux hommes lui met un masque. Surpris, Grigoriev a un mouvement de recul.

— Ne vous inquiétez pas, Vsévolod Alexandrovitch. Toutes les explications vous seront fournies dans exactement dix minutes, dit le masque pour le calmer et, le prenant doucement par le bras, il l'entraîne dans l'escalier.

Ils sortent de l'immeuble. On fait monter Grigoriev dans un « corbeau ». Le fourgon s'éloigne. À une fenêtre du rez-de-chaussée, le visage éberlué d'une vieille femme avec deux maigres nattes qui pendouillent. Elle sort la tête par le vasistas, les yeux écarquillés.

Une grappe de sonnettes le long de la porte d'un appartement communautaire et, à côté de chacune d'elles, une plaque avec un nom : Redkine, Tsintsiper, Jourkine, Rodionov, Speranski.

Un homme en veste fourrée promène longuement le doigt sur les boutons et finit par appuyer sur celui qu'il cherchait, la sonnette des

Jourkine. Il sonne, mais n'entend aucune réaction. Il appuie encore trois fois. Il tend l'oreille. Deux hommes en combinaison de protection montent l'escalier.

— Vous avez sonné ? On n'ouvre pas ? Peut-être que la sonnette ne marche pas, dit le premier.

— Recommence ! Ça doit être relié à leur chambre, conseille l'autre homme masqué.

On entend enfin des pas, puis le cliquetis du verrou.

La tête ébouriffée d'Ida surgit dans l'encadrement de la porte. L'homme en veste fourrée lui fourre sous le nez un papier incompréhensible. Ida a un mouvement de recul.

— Je dois voir d'urgence le camarade Jourkine, demande très poliment la veste fourrée en coinçant la porte avec son pied.

— C'est à quel propos ?

— Vous êtes la femme d'Alexeï Ivanovitch ? demande l'homme.

— Oui, je suis son épouse, acquiesce Ida avec dignité.

— Alors dépêchez-vous un peu ! lui intime le type presque grossièrement.

Ida fonce vers leur chambre. Les deux hommes en combinaison s'engagent déjà dans le couloir. Alexeï est en train d'enfiler son pantalon près du lit.

— Que se passe-t-il ? demande-t-il à sa femme avec anxiété.

— On est venu te chercher ! répond Ida, horrifiée.

— Qui cela ?

La question reste en suspens, elle contient déjà la réponse.

Ida se laisse tomber sur un tabouret.

— Dépêchez-vous de vous habiller, Alexeï Ivanovitch, dit l'homme en veste fourrée qui est entré dans la pièce.

Ida reprend son souffle et rassemble ses idées.

— Écoute-moi attentivement, Aliocha. Il s'est produit une erreur. Je suis absolument certaine que tout va s'expliquer et qu'on va te relâcher.

— Ida, rassemble mes affaires, demande Alexeï.

— Quelles affaires, Aliocha ? On va te relâcher ! répète Ida, comme une incantation.

— Des vêtements chauds. Des chaussettes de laine, mon pull gris, du linge…, énumère Alexeï Ivanovitch.

Ida est déjà en train de chercher des chaussettes mais, comme par un fait exprès, elles sont toutes trouées.

— Sans affaires ! dit d'un ton sec l'homme en veste fourrée.

— Mais de quoi s'agit-il ? finit par demander Jourkine.

— Excusez de l'intrusion… (Le type en veste fourrée sourit gentiment en tripotant ses papiers.) Nous n'allons pas vous garder longtemps. Votre présence est indispensable… Je ne suis pas habilité… On vous expliquera sur place.

— Tu vois bien, Aliocha, tu vois bien !

Ida se blottit contre la poitrine en drap de son mari, il tapote sa tête feutrée et sort.

La porte claque derrière lui. Dans l'escalier, deux mains insistantes lui mettent de force un masque protecteur.

— Aaah ! dit Alexeï en suffoquant.

— Du calme, du calme, camarade Jourkine ! Je vous prie de bien vouloir descendre, une voiture nous attend.

La voiture s'éloigne dans un gargouillement.

Le docteur Kossel est à moitié allongé sur de gros oreillers. Il a l'air soucieux et fatigué.

— Dina ! Dina ! Viens te coucher !

Une vieille femme avec un beau visage de folle est assise dans un fauteuil, les yeux fixés sur le portrait d'un jeune homme en uniforme d'aviateur. Elle est en chemise de nuit, elle serre des épingles à cheveux dans sa main, ses cheveux gris pendent tristement sur ses épaules.

— Dina ! Viens te coucher, ma chérie ! répète Kossel.

La vieille femme secoue la tête – non en réponse à son mari, mais plutôt pour elle-même.

— Non, non, non…, chuchote-t-elle.

Le vieux Kossel pose les pieds par terre.

Trois hommes marchent le long d'un couloir

du célèbre immeuble de Nirnzee. L'un porte une veste fourrée, les deux autres sont en combinaison de protection. Ils sonnent à la porte de l'appartement.

— Oh, ce qu'ils viennent tard ! marmonne Kossel.

Ce coup de sonnette ne fait pas peur au vieil homme, il a l'habitude d'être dérangé en pleine nuit. Il enfile sa robe de chambre et va ouvrir en traînant des pieds. Sa femme ne bouge pas.

— Que voulez-vous, mon petit ? demande-t-il au type en veste fourrée.

L'autre lui tend un papier, mais Kossel écarte sa main.

— Que voulez-vous ? demande-t-il encore une fois.

— Vous êtes convoqué de toute urgence, déclare l'homme.

— Excusez-moi, mais qui est malade ? demande le vieillard.

Le gars brandit de nouveau son papier.

— Entrez, entrez, je vais chercher mes lunettes, sans elles, je ne vois absolument rien.

Kossel chausse ses lunettes et regarde enfin le papier.

— Bon, compris. Alors que voulez-vous ? demande-t-il.

— Vous êtes convoqué de toute urgence, répète le jeune homme, qui commence à en avoir assez de ce vieux qui ne comprend rien.

— Bon, bon, si c'est urgent... Il va néanmoins falloir que vous attendiez que je me prépare. Vous savez, en vieillissant, les gens deviennent plus lents...

Il prend fermement sa femme par l'épaule.

— Va te coucher, Dina.

Dina se lève docilement du fauteuil et va se mettre au lit.

Kossel s'habille. Le jeune homme fixe le portrait dans un cadre noir.

— C'est votre fils ? demande-t-il. L'aviateur polaire ? Le fameux Kossel dont on a parlé dans les journaux ?

— Oui, c'est lui.

Kossel met sa toque en fourrure ronde et une pelisse avec un col en V, ce qui lui donne l'allure d'un prêtre de province. Sa femme s'adresse à lui avec une clarté inattendue :

— Reviens vite. Je ne peux pas rester seule.

— Je reviendrai vite...

Et sans terminer sa phrase, ravalant les mots qu'il a sur la langue, il dépose un baiser sur la tête desséchée de la vieille femme et sort.

— J'éteins la lumière ? demande-t-il à la porte.

— Non ! Laisse-la ! fait la voix de sa femme.

La chambre de la famille Pétrovski. C'est la nuit. Une femme plus très jeune marche dans la pièce en berçant un enfant qui pleure. Elle s'arrête devant la fenêtre, voit un « corbeau » qui entre dans la cour et s'arrête près de l'entrée de leur immeuble.

— Fédia ! Fédia ! crie la femme. Regarde ! C'est pour nous !

Son mari, Fiodor, un homme âgé, s'approche de la fenêtre.

— Ils sont déjà venus chez nous. Ils n'ont vraiment personne d'autre ?

— Les autres, on ne leur a pas pris leur fille. Tu ne comprends donc pas ?

Fiodor regarde par la fenêtre. Quatre hommes descendent du fourgon. Trois d'entre eux entrent dans l'immeuble.

L'enfant pleure.

— Vite, va-t'en, Fédia !

— Qu'est-ce que tu racontes ? Comment tu veux que je m'en aille ?

— Par la porte de service. Dépêche-toi. Tu es un vrai bébé, ma parole…

L'enfant pleure.

Fiodor enfile son manteau et prend sa chapka en fourrure.

On sonne à la porte.

— Fonce à la gare de Leningrad, et va chez tante Klava à Bologoïe. Tu t'installeras là-bas quelque temps. Mais pourquoi tu restes planté là comme une souche ? Dépêche-toi, je te dis !

Elle lui fourre de l'argent dans la main.

Il va au bout du couloir, ouvre le crochet de la porte de service et sort.

On sonne frénétiquement à la porte…

Des écouteurs valsent, des téléphones sonnent, des feuilles de papier sont déposées sur d'austères bureaux, des piles de dossiers grandissent.

Une main entoure de petits cercles des noms sur la longue liste des membres de la commission du commissariat à la Santé. Elle trace des croix. Un seul nom n'est pas entouré, celui d'Essinski.

Un couloir de l'hôtel Moskva. Deux hommes avec des masques traînent un bac de désinfectant. Deux autres aspergent les chambres. On est en train de tout désinfecter. Deux autres personnes examinent un registre avec la liste des clients de l'hôtel. Toujours les mêmes cercles, les mêmes croix. Deux noms sont entourés d'un trait épais de crayon rouge, Anadourdyeva et Kotikov. Un des hommes demande à l'autre :

— Qu'est-ce qu'on fait pour celle-là ? Elle a quitté l'hôtel.

— Aaah… Une députée au Soviet suprême. Appelle leurs services, Avérine. C'est eux qui leur fournissent des billets. On la fera descendre du train.

— Et pour Kotikov ?

— Le barbier ? C'est son jour de congé, on

a déjà envoyé une voiture le chercher chez lui ce matin…

— On l'a emmené à l'hôpital de Sokolinaïa Gora ?

— Non, c'était pas encore prêt là-bas. Pour l'instant, on l'a transporté chez Sorine, à l'hôpital Catherine. Ils sont trois là-bas, maintenant – Mayer, Sorine et ce barbier. Enfermés dans le service des urgences…

Des fenêtres d'immeubles sans lumière. Un homme est couché dans le noir. Il entend la porte de l'immeuble claquer en bas. Il se lève et va à la fenêtre. C'est le colonel Pavliouk. Il écoute. La porte de l'ascenseur claque. On sonne à la porte. Pavliouk sort de son cabinet et entre dans la chambre de sa femme.

— Qu'est-ce que c'est ? demande-t-elle.

— Va à la porte. N'ouvre pas avant trois minutes.

— Ils viennent te chercher ? demande la femme, immédiatement réveillée.

— Tu as compris ? demande Pavliouk.

— Oui.

— Vas-y.

— Sérioja ! Sérioja !

— Non, pas de ça ! Tais-toi, s'il te plaît.

Et il va dans son cabinet.

Sa femme est appuyée contre la porte. La sonnette retentit sans discontinuer. Pavliouk ouvre le tiroir du bas de son bureau, il en sort une enveloppe qu'il pose au milieu du bureau bien rangé, tout vide. Sur l'enveloppe est écrit : « Pour le camarade Staline ».

La main de Natacha, sa femme, est posée sur le verrou du haut. Elle ouvre lentement la porte. Derrière, le visage rose et souriant d'un homme en veste fourrée.

— Ben dites donc, vous avez le sommeil profond ! Le camarade Pavliouk est là ?

— Il est là, répond sa femme d'une voix égale.

On entend un coup de feu venant du cabinet.

Un sapin décoré. Un réveillon de nouvel an bien arrosé dans une pièce plutôt rustique au plafond bas. De grandes femmes en sueur, de gros bras nus, des cous plissés. Et la musique d'un gramophone, déchirante et enrouée. Sur un plat au milieu de la table, les restes d'une oie que l'on devine sur fond de chou cuit à l'étouffée. Un homme dort sur un divan, recouvert d'un long napperon en dentelle qui a glissé du dossier du divan. Un autre brandit un morceau d'oie et le fourre sous le nez de l'éleveur d'oies – c'est le voisin de compartiment de Mayer, il est ivre, mais n'a pas encore roulé sous la table.

— Allez, vas-y, goûte, goûte ça, Sémyone ! Klava les a faites aux choux, bordel ! Et Véra les a faites aux pommes ! Aux pommes ! Au diable, ces pommes ! Allez, vas-y, goûte, Sémyone !

Mais Sémyone refuse.

— Faut que tu comprennes, Kolia, j'm'en suis occupé pendant trois ans comme si c'étaient mes enfants, j'suis pour ainsi dire leur mère, je peux pas les manger !

— T'as tort, Syoma, t'as tort ! Vas-y, goûte, je te dis que ma Klava les a faites avec du chou, bordel… Allez, quoi !

Il s'évertue à lui fourrer un morceau d'oie sous le nez.

— Va te faire voir ! répond Sémyone, furieux. Laisse-moi !

— Laisse-le ! renchérit une dame aux bras nus et à la grosse poitrine flasque.

— Toi, t'en mêle pas ! lui crie Kolia.

Mais la dame se penche et, avec ses dents, arrache le morceau de viande des doigts de Kolia. Tout le monde éclate de rire, seul Sémyone se prend soudain la tête dans les mains et fond en larmes. La seconde femme, plus jeune, mais elle aussi de constitution robuste, s'assied à côté de lui et le console.

— Allez, sois pas triste, Syoma, t'en auras d'autres !

Sémyone pleure, il essuie ses larmes, son amie s'affale sur lui.

— C'est vraiment rageant ! Il faisait pas si froid que ça. Chez moi, elles avaient supporté des températures bien plus basses ! Alors pourquoi elles ont pas supporté, hein ?

— Te rends pas malade comme ça, Syoma, t'en auras d'autres, hein ? insiste son amie.

— Bien sûr que j'en aurai d'autres ! Même si ça doit me prendre dix ans, même si je dois encore en faire mourir plein, j'y arriverai !

— Mais oui, bien sûr que tu y arriveras, Syoma ! assure son amie.

Sur le perron, deux hommes attendent, un troisième accourt de la maison voisine en agitant la main.

— Allez, on y va ! Apparemment, c'est bien le 18.

Ils tambourinent sur la porte, ils tirent sur la poignée et la porte s'ouvre. Les trois hommes s'engouffrent dans le vestibule au milieu d'un nuage de vapeur glacée. Un rond de lumière – ils ont allumé une lampe de poche – et ils se mettent à frapper sur la porte capitonnée.

— Va ouvrir, Klava, c'est Belach qui s'amène ! ordonne Kolia.

— Belach ? Au beau milieu de la nuit ? proteste Klava, mais elle ouvre la porte.

Kolia émet un sifflement et Klava, les mains sur les hanches, déclare d'un ton provocant :

— Tiens, des invités-surprises !

Les visiteurs sont un peu interloqués, mais cela ne dure pas longtemps, leur chef se reprend vite et demande :

— Il y a un citoyen Koulkov, ici ?

— Il y en a un, il y en a un…, s'empresse de répondre son amie. Le voilà.

— On en a pour une minute, dit le chef.

Sémyone se lève de sa chaise en vacillant.

— Ben, c'est moi, Koulkov.

— C'est vous qu'on vient voir, sortons ! ordonne le chef.

Tout le monde se lève en même temps et se tait. Seul le gramophone continue à chanter d'une voix enrouée.

Quatre personnes marchent sur le sentier qui part de la maison – Koulkov devant, les trois hommes derrière.

Sorine enfonce une aiguille dans l'avant-bras de Mayer. Celui-ci est allongé sur une banquette dans la salle des urgences. Il porte une chemise de l'hôpital. Son visage a beaucoup changé. Il a une quinte de toux. Du sang coule de sa bouche. Du sang rose, mousseux.

Sorine s'assied à la table et écrit.

« 2 h 30. Température… Pouls… Signes cliniques… »

Dans la pièce voisine, la salle des infirmières, le barbier est allongé sur des chaises placées bout à bout. Il se lève, va vers la porte et crie :

— Docteur ! Docteur !

Sorine s'approche de la porte.

— Qu'est-ce qui vous arrive, Véniamine Alexeïevitch ?

— Il faut que je sorte ! Excusez-moi, mais je

dois aller aux toilettes ! répond le coiffeur derrière la porte.

— Je vais vous apporter un seau. Attendez une minute ! dit Sorine d'une voix lasse.

— Non, non, je n'ai pas besoin de seau ! Il faut que je sorte, vous comprenez ? dit le barbier d'une voix remplie de désespoir.

— C'est impossible, Véniamine Alexeïevitch ! Vous ne pouvez pas sortir. Attendez une minute !

Et Sorine part chercher un seau. Il l'apporte…

Dans le local spécial de la gare de Kazan, c'est l'affolement. Un employé feuillette des pages couvertes de ratures.

— Voilà, les passagers sont montés à Saratov, et l'équipe ferroviaire venait d'Astrakhan, c'est ça ?

— Non, faut voir ça avec le chef d'équipe, y a que lui peut le savoir, personne d'autre.

— Téléphone au foyer des employés.

Quelqu'un s'empare aussitôt du téléphone.

— Il s'appelle Kozelkov ?

— Le chef d'équipe ? Oui, Ivan Loukianovitch Kozelkov.

Dans le restaurant de la gare, un groupe de personnes. Des militaires, trois lieutenants fringants et, avec eux, deux demoiselles – l'une d'elles est la responsable du wagon dans lequel a voyagé Mayer. Elle déclare en minaudant :

— Moi, mon travail me plaît beaucoup. J'aime pas rester à la même place. Et y a toutes sortes de gens qui voyagent, des fois, je tombe sur des passagers vraiment très intéressants…

— Nous non plus, on reste jamais longtemps au même endroit, ça, c'est sûr, hein, Volodia ? renchérit le lieutenant en hochant la tête.

Dans le local spécial, les recherches continuent :

— Rodionov, va chercher ce Kozelkov. On va voir ça avec lui ici.

Une femme sanglote et s'accroche à un homme en veste fourrée.

— Je ne peux pas ! Je ne peux pas ! Laissez-moi ! J'ai un bébé ! Je le nourris ! Il va mourir !

L'homme se dégage délicatement et tente de la raisonner :

— Mais il faut pas vous mettre dans cet état ! Je vous dis que c'est pour le travail !

Le deuxième le prend à l'écart et lui murmure quelque chose.

— Bon, d'accord, prenez-le, votre bébé !

La femme rassemble en vitesse les affaires de l'enfant, l'enveloppe dans une couverture et prend des couches, tout en répétant :

— Seigneur, mais c'est quoi ça, mais c'est quoi ça…

Kotikov, le barbier, flanque des coups de pied dans la porte. Il crie.

— Laissez-moi sortir ! Pourquoi vous m'avez enfermé ? Je vais bien ! Je suis pas malade !

Il tousse, il a du mal à respirer. Il se remet à crier :

— Je vais porter plainte ! J'ai des relations ! Vous serez puni ! Ouvrez-moi !

Dans l'autre pièce, Sorine est assis au chevet de Mayer. Il lui prend le pouls. Mayer va très mal.

— La lettre… La lettre…, chuchote-t-il.

Sorine se penche vers lui avec un verre d'eau.

— Tenez, buvez un peu…

Mayer secoue la tête en tous sens.

Sorine entend les cris qui viennent de la pièce voisine, il sort et s'approche de la porte.

— Une minute, j'arrive tout de suite.

Il retourne dans la salle des urgences, prend une seringue, la remplit, met un masque et traverse le couloir. Le barbier est toujours en train de taper. Sorine ouvre la porte.

— Calmez-vous, je vous en prie. Je vais vous faire une petite piqûre. Comme ça, vous arrêterez de vous énerver. Vous allez dormir un peu. Comment vous sentez-vous ?

— Je me sentais parfaitement bien hier ! Et ce matin ! Mais maintenant cela ne va plus du tout… De quel droit…

— Oui, oui, très bien. On va prendre votre température…

Il prend sa température. Lui fait une piqûre.

— Vous vous énervez trop… Ça va vous calmer… Surtout ne vous en faites pas. Il s'est produit quelque chose de fâcheux. Quelqu'un a attrapé une maladie contagieuse, vous avez été en contact avec lui et il faut vous mettre en quarantaine. Tous ceux qui ont été en contact avec cette personne doivent être transportés à l'hôpital et placés en quarantaine… Vous avez beaucoup de fièvre. Je vais vous apporter un oreiller et une couverture. Et vous allez vous allonger…

Le barbier fond en larmes.

— Pourquoi j'ai jamais de chance ? Ç'a toujours été comme ça, toute ma vie…

Saratov. L'Institut de recherches sur la peste. Un cordon de soldats monte la garde autour du laboratoire de Mayer. Dans le vestibule, au lieu de la gardienne Galia, il y a deux soldats.

À la porte du restaurant, deux employés du local spécial et le chef d'équipe Kozelkov. Ce dernier passe les tables en revue et un large sourire s'épanouit sur son visage.

— Tenez, la voilà, c'est elle, Zina ! On a voyagé ensemble pendant deux ans, alors je sais où la trouver à cette heure-ci ! C'est elle là-bas, avec les militaires, elle est avec Katka Enakiéva, de vraies traînées, j'vous dis !

Un employé du local spécial s'approche de Zina et, tout en s'excusant, la fait sortir de table. Elle se dirige vers la sortie d'un air assez fier.

Une fois près de la porte, elle se rend compte que ce n'était pas une invitation à danser et commence à s'inquiéter, mais l'un des types la prend par le bras et l'entraîne hors du restaurant.

— Mais lâche-moi ! Où tu m'emmènes ? dit-elle d'une voix forte.

Le gars se penche vers son oreille et lui murmure quelque chose d'une voix douce. Zina se soumet, elle le suit dans la gare, se faufilant entre des passagers qui dorment sur leurs affaires, des baluchons, des chaussures sales et des enfants hurlants. Elle trébuche sur une petite valise et lance à la jeune femme debout à côté :

— Enlève tes affaires de là, espèce de gourde, pourquoi tu mets ça dans le passage ?

La femme rapproche d'elle sa valise. C'est Ania, l'amie de Mayer. Elle feuillette son carnet d'adresses, elle cherche un numéro de téléphone.

Des téléphones qui sonnent, qui vibrent. Des chiffres, des noms, des codes. Une annonce : « Le train n° 27 aura un retard de deux heures et trente minutes. »

— Faites venir immédiatement Salakhov. Major Siverkine. Major Siverkine.

Anadourdyeva, wagon n° 2.

— Golossovker, Griniov, Dymtchenko, Dennik, Eskina, Erofeïeva, Erofeïev, Jabotinski, Ivanov Vladimir, Ivanov Victor, Ignatenko, Ivina, Iline, Ikonnikova, Iroussadzé, Karpov…

Liste n° 2, liste n° 2…

À Moscou, la gare de Leningrad. Fiodor Pétrovski achète un billet.

Une annonce est faite au haut-parleur : « Le train pour Leningrad partira de la voie n° 6… »

Pétrovski court le long du quai de la voie n° 1. Il descend sur les voies et fonce en direction de la voie n° 6. Les oreillettes de sa chapka sont dégrafées. Il traverse une voie devant un train qui approche. Un coup de frein brutal.

La chapka roule sur la neige. Sur les rails, le corps de Pétrovski.

Moscou, c'est le matin. Les magasins sont ouverts. Des ménagères avec des sacs et des bidons, certaines vont acheter de l'huile, d'autres du kérosène. L'homme au visage asymétrique sort d'un magasin de chaussures. Il a entre les mains un grand carton à chaussures avec l'inscription *Skorokhod*. Il entre dans la première porte cochère venue et, s'adossant au mur, enlève d'un de ses pieds une chaussure de femme éculée de grande taille et enfile une chaussure d'homme toute neuve qu'il a sortie de la boîte. Deux individus s'approchent de lui. Il est debout sur un pied, adossé contre le mur, en équilibre instable.

— Sverbeïev ? demande à voix basse l'un des hommes.

— Oui ? répond l'homme.

— Suivez-nous ! lance le deuxième.

Il enfile la seconde chaussure neuve et, se prenant les pieds dans les lacets, suit les citoyens en veste fourrée.

Un fourgon démarre. Dans la porte cochère traînent deux chaussures éculées, et le carton avec l'inscription *Skorokhod*.

… La vieille femme du train, l'ancienne propriétaire des savates éculées, est chez elle, dans les faubourgs de Tambov. Sur un lit est allongée une très vieille femme au visage sombre, avec un nez qui pointe vers le haut, presque un cadavre. La plus jeune discute avec elle.

— Vous avez toussé toute la nuit, maman, mais dès que vous avez pris du miel, ça s'est arrêté…

La vieille femme allongée est totalement inerte, elle ne répond pas. Cela ne trouble absolument pas la plus jeune.

— Dans le temps, on disait qu'il fallait prendre de l'absinthe séchée et la faire infuser. Moi, je me dis, à quoi bon l'avaler, cette absinthe, c'est amer, alors qu'on a du miel. Savvouchka en a apporté au mois d'août. Du miel de ses ruches, il en a une vingtaine. Tiens, ma fille, qu'il a dit, prends ça, c'est pour toi et pour la grand-mère. Et voilà, il nous a été bien utile, ce miel… Maman, vous dormez ou quoi ?

On frappe à la porte, elle ouvre. En face d'elle, deux types, des gars solides, bien nourris. La vieille a un mouvement de recul.

— Alors, Eléna Dmitrievna, on est arrivée ? On est rentrée à la maison ?

La vieille est stupéfaite, ses jambes la trahissent et elle s'assied sur un tabouret.

— Habille-toi, la mère, tu pars avec nous ! dit le plus vieux.

La vieille garde le silence encore un instant, puis, sans prévenir, d'un seul coup, elle entame une lamentation :

— Oh, mes chéris, mais vous m'emmenez où comme ça ? Ayez pitié d'une vieille femme ! Qu'est-ce que vous en avez à faire, de moi ?

— Allez, allez, Eléna Dmitrievna, ne vous mettez pas dans un état pareil, on va discuter un peu et on vous ramènera chez vous, dit le plus jeune d'un ton fielleux. On vous raccompagnera bien gentiment !

— Tu parles que vous me raccompagnerez, espèces de monstres !

Et, cessant brusquement ses lamentations, elle dit :

— Bon, d'accord, les gars, je vais vous les

rendre, mais m'emmenez pas ! Regardez, ma maman est malade, elle en a plus pour longtemps, comment je pourrais partir maintenant, hein ?

Elle se précipite dans le vestibule et en ressort au bout d'une seconde avec la paire de magnifiques bottes d'aviateur bordées de fourrure.

— J'en ai pas besoin, marmonne-t-elle, j'ai vu qu'elles traînaient par terre, alors je les ai prises... Mais j'ai pas besoin de ce qui est pas à moi.

Les gars échangent un regard, l'un d'eux fait légèrement tourner son doigt sur sa tempe – elle est un peu zinzin, la vieille, mais il n'y a rien à faire.

— Allez, la mère, on t'emmène, habille-toi !

La vieille femme jette les bottes par terre et recommence ses lamentations.

Sans ouvrir les yeux, la vieille couchée sur le lit lance une bénédiction à sa fille :

— Espèce de salope !

Ludmila Ignatievna, la compagne de voyage de Mayer, reçoit son amant. Les oreillers s'agitent, le matelas métallique tressaute, un genou nu surgit de dessous la couverture, disparaît, réapparaît. On sonne à la porte.

Le matelas métallique se calme immédiatement. Le galant demande avec anxiété :

— C'est ton mari ?

— Impossible. Il est parti en mission. Sur le

canal de la mer Blanche…, répond Ludmila. Je ne vais pas ouvrir.

La sonnette continue à retentir.

— Oh, zut ! Habille-toi ! ordonne Ludmila à son petit ami.

Mais il est déjà habillé. Elle enfile ses bas. La sonnette continue à retentir. Elle met sa jupe. La sonnette continue. Son corsage. Ça sonne toujours. Elle se coiffe.

— Et moi ? demande son petit ami. Je fais quoi ?

— Mets-toi là…

Elle le pousse derrière un rideau qui cache une armoire et se dirige vers la porte.

— Qui est là ?

— Ludmila Ignatievna Kostrikina ? Ouvrez ! demande une voix dans le couloir.

Le galant, le front couvert de gouttelettes de sueur, se recroqueville derrière le rideau.

— Pourquoi vous avez mis si longtemps à ouvrir ? Vos voisins nous ont dit que vous étiez là. Habillez-vous, Ludmila Ignatievna, nous n'allons pas vous garder longtemps, il faut que nous discutions, nous avons quelques questions à vous poser. Je vous en prie.

— Oui, oui, avec plaisir ! dit-elle en souriant.

Elle enfile sa pelisse et, écartant le rideau, adresse un signe mystérieux à son ami, puis sort en laissant la clé sur la table.

Leningrad. Essinski descend d'un wagon à la gare de Moscou. Deux hommes s'approchent de lui et l'emmènent. Il regarde autour de lui d'un air éperdu et tourne la tête dans tous les sens.

Une gare de province. Un train effectue une manœuvre. Un wagon de passagers est détaché et conduit sur une voie de garage. Deux soldats se tiennent de chaque côté du marchepied. Le wagon s'arrête. Les soldats entrent dans le wagon, le chef appelle le responsable, un gars un peu éméché de type oriental. Dans la cabine du responsable, le soldat lui montre des papiers.

— Bon, alors on a détaché votre wagon. Il est provisoirement aux arrêts. Vous avez ici une Turkmène, Anadourdyeva, une députée, il faut la faire descendre du train, mais discrètement et sans faire d'esclandre, explique le lieutenant.

— On l'a déjà fait descendre, bougonne le responsable.

— Comment ça ?

— On l'a fait descendre à Razdolsk, ajoute le responsable. C'est à deux stations d'ici.

— Qui ? Qui l'a fait descendre ? hurle le lieutenant.

— Ben, c'est moi. On a fait venir une ambulance et on l'a embarquée. Elle était malade, explique le responsable.

— Qu'est-ce qu'elle avait ? demande le lieutenant après une petite pause.

Le responsable perd patience.

— Ce qu'elle avait ? Elle avait mal au ventre. Ça l'a prise brusquement. Alors je l'ai fait descendre. Si elle mourait ici, ce serait moi le responsable. Ça m'est déjà arrivé, ce genre de choses.

— Quand est-ce que vous êtes passés à Razdolsk ?

— On a un retard de cinq heures. On a passé Razdolsk pendant la nuit, vers 2 h 30.

— Bon, alors voilà. Je laisse quelqu'un pour monter la garde, et je vais téléphoner. Que pas une souris ne sorte de ce wagon ! Tu en réponds sur ta tête. Compris ? dit le lieutenant d'une voix dure.

Le responsable du wagon comprend immédiatement. De mollasson avachi et un peu éméché, il s'est transformé subitement en individu qui saisit tout au quart de tour, prêt à rendre service.

— Compris. Personne ne sortira. On ne laissera passer personne ! s'empresse-t-il de répondre en hochant sa petite tête noire.

Dans le local spécial, le lieutenant téléphone à son supérieur.

— Je viens au rapport, camarade capitaine ! Anadourdyeva a été descendue du train à Razdolsk à 2 heures du matin et transportée en ambulance. Deux heures en draisine... Oui, oui, il y a une draisine. Qu'est-ce qu'on fait avec les autres passagers du wagon, on les embarque ?… Quoi ? L'isoler ? Monter la garde autour ?… D'accord ! Compris ! Le wagon a déjà été décroché… Le conduire encore plus loin. Bien. Compris, camarade capitaine.

L'hôpital Catherine est entouré d'un cordon de soldats. Des postes de contrôle sont répartis sur le territoire de l'hôpital et à l'extérieur. Deux hommes en combinaison sortent d'un bâtiment portant l'inscription « Morgue ».

Une multitude de soldats. Ils sont transis de froid. Un trafic chaotique de véhicules franchissant le portail dans les deux sens. Quand un véhicule sort, on contrôle ses papiers, il faut une autorisation spéciale. On l'arrose d'un produit désinfectant.

Dans les services, les médecins sont en train de donner des explications aux malades. Un des chefs de service fait asseoir les patients de chirurgie et du service postopératoire et les informe :

— Tout d'abord, l'influenza est une maladie dangereuse pour les organismes affaiblis. Et vous tous qui venez de subir des opérations, vous êtes particulièrement vulnérables. Pour éviter une épidémie, il est indispensable d'observer des mesures de précautions renforcées. Nous allons vous distribuer des masques, nous vous demandons de ne pas sortir dans les couloirs sans eux et, de façon générale, de limiter les contacts.

Ne sortez de vos chambres qu'en cas de nécessité. Nous n'utiliserons plus les salles à manger communes, les aides-soignants vous apporteront la nourriture dans vos chambres. Encore une chose : si vous vous sentez mal, vous devez en informer immédiatement le personnel soignant. Je suis moi-même en quarantaine, ainsi que tout le personnel. Si bien que je serai toujours présent dans le service, conclut le médecin.

— Vassili Andreïevitch, demande un tout jeune homme, je devais rentrer chez moi demain. Alors je ne vais pas sortir ?

— Non, tu ne sortiras pas demain, Kostia. Si tu t'ennuies trop, il va falloir que je t'opère de l'appendicite une seconde fois ! dit le médecin en plaisantant.

— Je préfère pas, je vais plutôt patienter ! proteste le garçon en souriant.

Sorine discute au téléphone avec Sikorski.

— Son état est grave, Lev Alexandrovitch. Il n'a pas repris connaissance.

Sorine s'approche de Mayer. Celui-ci tousse, Sorine essuie le sang, redresse le malade, et retourne au téléphone.

— Il fait une hémorragie pulmonaire.

— Alexandre Matveïevitch, votre femme, Antonina Platonovna, est ici. Elle veut vous parler.

Sorine s'immobilise devant le téléphone. Son visage se durcit.

— Veuillez dire à Antonina Platonovna que je suis occupé. Merci, Lev Alexandrovitch.

Il raccroche.

Il note dans le dossier de Mayer : « 4 heures du matin. Œdème des poumons, hémorragie (*illisible*). »

Tonia marche dans le couloir, elle s'approche de la cage d'escalier. On ne la laisse pas sortir du service. Elle s'assied par terre, près de l'escalier. Elle restera là jusqu'à la fin, sans dire un mot.

Le visage altéré de Mayer, ses orbites sont creuses. Sorine recouvre sa tête d'un drap.

Sorine a une violente quinte de toux. Il remplit une seringue d'un liquide et se fait une injection dans la cuisse.

Un feu de camp. Il a été allumé dans la cour de l'hôpital par les soldats frigorifiés.

L'infirmière en chef fait son rapport à Sikorski.

— Nous avons enfermé dans la lingerie le médecin de quartier arrivé avec l'ambulance, mais il fait un esclandre épouvantable… Leur chef, là, refuse de le laisser sortir.

— Dites au capitaine Solénov de venir me voir.

Le capitaine entre.

— Asseyez-vous, je vous prie, nous avons un

problème à régler, vous et moi, dit Sikorski à Solénov.

Celui-ci ne s'assied pas, Sikorski se lève.

— À vos ordres, répond Solénov.

La soumission à l'autorité existe toujours. Du point de vue galons, Sikorski est quand même le supérieur du capitaine.

— Qui a donné l'ordre d'enfermer le médecin de quartier dans la lingerie ?

— C'est moi.

— Et où se trouvent le médecin de l'ambulance et les brancardiers ?

— Dans l'autoclave, dans la salle des internes du service n° 2 et dans la salle de bains, répond le capitaine avec précision.

— À l'avenir, je vous demanderai de ne pas prendre sur vous des décisions qui sont de mon ressort. Il était convenu que tous ceux qui avaient été en contact avec le malade seraient regroupés à Sokolinaïa Gora, et non chez moi.

— Quand ils ont été amenés ici, une telle convention n'existait pas, répond le capitaine pour se justifier.

— Liouba ! crie Sikorski. Faites venir le médecin de quartier.

— Mais il fait partie du groupe des plus dangereux, intervient Solénov.

— C'est tout à fait exact. Et d'ici quelques heures il peut manifester les premiers symptômes de la maladie. Je vous en prie…

Il fait un signe poli en direction de la porte.

Kossel entre en croisant Solénov. Sikorski met un masque.

— Je vous présente mes excuses, collègue, dit Sikorski en saluant Kossel. Je suis Lev Alexandrovitch Sikorski, le médecin-chef de cet hôpital.

— Sergueï Yossifovitch Kossel, répond Kossel. Au nom du ciel, expliquez-moi ce qui se passe ici !

Sikorski, après un instant de silence, dit :

— Cette nuit, on nous a amené un malade avec un diagnostic de double pneumonie. C'était votre malade, il venait de votre quartier – de l'hôtel Moskva.

— Oui, je me souviens, Mayer, confirme Kossel.

— Il est mort il y a une heure de la peste pulmonaire.

— La peste pulmonaire ? répète Kossel. Alors…

— Oui, oui. À ce stade de la maladie, au moment où vous l'avez examiné, la peste pulmonaire présente toutes les apparences d'une pneumonie… Comme vous le savez, la période d'incubation est très courte, un jour ou deux. Généralement, les premiers symptômes apparaissent au bout de vingt-quatre heures. Fièvre, frissons, dans certains cas nausées…

— Si je vous ai bien compris, je suis en quarantaine ? demande tranquillement Kossel.

— Oui, répond simplement Sikorski. Dites-moi ce que je peux faire pour vous ?

— Permettez-moi d'appeler ma femme.

— Je vous en prie. Mais je vous demande d'abord de bien réfléchir à ce que vous allez lui dire. Comme vous le comprenez, le mot « peste » ne doit pas être prononcé.

Kossel hoche la tête et compose un numéro.

— Dina ! Excuse-moi, ma chérie, je n'ai pas pu t'appeler plus tôt. J'ai été convoqué d'urgence à un conseil... Non, je ne pouvais pas, Dina, c'était impossible... Quelle bêtise ! Ne pleure pas, je t'en prie ! Mais je vais revenir ! Bien sûr ! Dina !

Sur la banquette, le corps de Mayer recouvert d'un drap. Sorine a déplacé la table de façon à lui tourner le dos. Il est manifestement malade, il tousse et a du mal à respirer. Il est en train d'écrire une lettre.

Cher camarade Staline ! Quand cette lettre vous parviendra, je ne serai plus de ce monde – je vais mourir de la peste, comme est mort il y a un instant un médecin de Saratov que j'ai isolé et dont je me suis occupé jusqu'au dernier moment. J'espère que cette épidémie sera stoppée et, si c'est le cas, je considérerai que j'ai donné ma vie pour le peuple soviétique. Ma position de condamné à mort me confère le droit, me semble-t-il, de vous adresser une demande personnelle. En juillet 1937, on a arrêté mon frère aîné, Sémyone Matveïevitch Sorine, directeur du chantier de construction d'une mine de charbon du bassin minier de Toula. Sa vie entière et son passé irréprochable de révolutionnaire sont tels qu'ils excluent les accusations qu'on a portées contre lui au moment de son arrestation. Je vous demande de vous pencher personnellement sur le dossier de mon frère.

Goldine entre dans la salle à manger en se frottant les mains. La table est mise pour une personne.

— Nastia ! Sophia Issakovna a téléphoné ?

— Oui. Elle ne rentrera pas déjeuner. Une conférence, répond Nastia avec laconisme.

— Je vois. Comme toujours.

Goldine s'assied sur une chaise sans s'appuyer contre le haut dossier et déplie sa serviette. Nastia approche la soupière, lui sert de la soupe et sort. Goldine porte la cuillère à sa bouche – le téléphone sonne.

— Nastia ! Répondez, s'il vous plaît.

Nastia entre.

— C'est le commissariat à la Santé. Vous êtes convoqué d'urgence chez le commissaire. On vous a envoyé une voiture.

Goldine repose sa cuillère.

— Voilà pourquoi j'aime bien mes patients, Nastia ! À la différence de mes supérieurs, jamais ils n'interrompent mes repas, et ils sont toujours prêts à attendre un peu.

Goldine est reçu par le commissaire à la Santé.

— … et maintenant, il faut absolument faire une autopsie, dit le commissaire en terminant ses explications.

— Bon, ça, c'est mon travail, mais je ne comprends pas pourquoi c'est tellement urgent, répond tranquillement Goldine.

Le commissaire lève un sourcil.

— On suspecte que le malade est mort de la peste. Il faut confirmer d'urgence ce diagnostic. Il y a trois personnes contaminées dans la salle des urgences. L'une d'elles est déjà morte…

— Si c'est réellement la peste, j'imagine que les perspectives ne sont pas très bonnes pour les autres… Je suis prêt à procéder à deux autopsies ou même à trois, à autant qu'il faudra, mais à une condition.

— Je vous écoute, dit le commissaire, un peu agacé.

— Vous avez confiance dans mes compétences professionnelles, Yakov Stépanovitch ?

Le commissaire hausse les épaules.

— Quelle question, Ilya Mikhaïlovitch !

— Dans ce cas, je vais procéder aux autopsies en observant toutes les mesures de précaution – en combinaison de protection, avec un masque, selon toutes les règles – et vous, de votre côté, vous me donnez la garantie que je ne serai pas placé en quarantaine. C'est une condition *sine qua non.*

— Bien, Ilya Mikhaïlovitch. Vous avez ma parole, dit le commissaire en hochant la tête.

Ania, une petite valise à la main, cherche à entrer dans l'hôtel Moskva. La porte est gardée par un soldat en veste fourrée. Il remplace le portier.

— Tout est complet, jeune fille ! dit-il à Ania avec bonhomie.

— Mais mon mari est descendu dans cet hôtel, nous sommes convenus de nous retrouver ici ! dit Ania en essayant d'entrer.

Le gars souriant la repousse avec une fermeté inattendue.

— Il est interdit d'entrer !

— Mais comment je vais le retrouver, où je vais le chercher ? Je sais qu'il est descendu dans cet hôtel ! insiste Ania. Je viens d'une autre ville.

— Bon, attendez ici, répond l'homme en uniforme. C'est quoi son nom, à votre mari ?

— Mayer, Rudolf Ivanovitch, dit Ania avec un sourire reconnaissant.

Le soldat entre en fermant la porte à clé derrière lui.

Ania se trouve à présent dans un local en sous-sol de l'hôtel Moskva. Deux personnes discutent avec elle – sans grande politesse.

— Ici, jeune fille, ce n'est pas vous qui posez les questions, c'est nous !

Un moustachu tripote son passeport et, tapotant du doigt sur la table, dit d'un ton moralisateur :

— Alors comme ça, vous avez raconté que vous étiez sa femme. Mais il n'est pas inscrit dans votre passeport... Bon, alors quand avez-vous vu votre soi-disant mari pour la dernière fois ?

— Avant son départ..., répond Ania avec assurance.

Les hommes échangent un regard.

— C'était quand ?

— Eh bien, il est parti depuis trois jours...

— Attendez dans le couloir, ordonne le moustachu.

Ania sort et s'assied sur une chaise dans le couloir. L'homme téléphone.

— Ici le capitaine Gribanov. Oui. Nous avons appréhendé Anna Kilim. Elle a été en contact avec lui avant son départ, il y a trois jours... Compris. À vos ordres, camarade colonel.

Gribanov fait revenir Ania. Il tapote la table du bout des doigts et dit d'un ton confidentiel :

— Vous savez, jeune fille, il y a un problème avec votre mari, il va falloir que vous restiez avec nous une petite demi-heure.

— Qu'est-ce qui lui est arrivé ? demande Ania, affolée.

— Tout ce que vous avez besoin de savoir, vous l'apprendrez en temps voulu. Pour l'instant, il faut juste attendre. Vous allez rester ici, dans cette pièce…

— Mais je peux le voir ? demande stupidement Ania, bien qu'il soit déjà clair que c'est impossible.

— Non. C'est exclu. Mais je vous assure que, si vous vous montrez trop insistante, cela ne fera que vous compliquer la vie. Vous m'avez bien compris ? dit le moustachu avec un sourire énigmatique.

Il sort en fermant la porte à clé derrière lui.

Ania, restée seule, téléphone.

— Lora ? C'est moi, Ania. Je suis arrivée aujourd'hui, et je ne parviens pas à trouver Rudik. Que lui est-il arrivé ? Il vous a téléphoné ?… J'appelle de l'hôtel. On m'a enfermée dans une pièce et on m'a dit d'attendre… Je vous rappellerai plus tard… Oui, bien sûr que nous viendrons. Passage Ouspenski ? Oh, Rudik sait où c'est… Oui, oui. D'accord.

Une secrétaire entre dans le cabinet de Fiodor Vassilievitch, un responsable du NKVD en uniforme.

— Fiodor Vassilievitch, cette Jourkina est là… Vous savez, on nous a téléphoné à son propos. On vous a demandé de la recevoir.

Fiodor Vassilievitch hoche la tête et dit à la secrétaire :

— Galia, regarde sur quelle liste se trouve Jourkina…

Galia examine des papiers.

— La deuxième, Fiodor Vassilievitch.

— Bon, fais-la entrer, dit-il en hochant la tête.

Entre Ida Jourkina, bien droite, livide, avec des cernes sous ses yeux brillants. Elle se comporte avec fermeté, franchise et dignité.

— Bonjour. Je m'appelle Jourkina. C'est le nom de mon mari. Mon père – et croyez-moi, je ne m'en suis encore jamais prévalue – mon père était Grigori Solius. Vous connaissez ce nom ?

Le responsable hausse les sourcils. Il se lève d'un bond et sourit.

— Non seulement je connais très bien le nom de votre père, mais je me souviens parfaitement de lui. Je me souviens de ses funérailles. Bien sûr, bien sûr… Au cimetière de Novodievitchi… Excusez-moi, quel est votre prénom ? Votre patronyme ?

— Ida Grigorievna. Je suis venue vous demander votre aide, dit Ida avec dignité, sans obséquiosité.

Elle devient de plus en plus pâle et de plus en plus belle.

— Bien sûr, Ida Grigorievna, nous ferons tout ce qui sera en notre pouvoir, répond Fiodor Vassilievitch avec sincérité.

— Cette nuit, vos collaborateurs ont emmené

mon mari, Alexeï Ivanovitch Jourkine, déclare Ida d'un ton presque solennel.

— Je suis au courant, dit Fiodor Vassilievitch d'une voix douce.

— J'ai été complètement sidérée. Au début. J'étais sûre qu'il s'était produit une erreur, que c'était un malentendu…

— Ida Grigorievna ! l'interrompt Fiodor Vassilievitch, mais elle poursuit.

— Après qu'on a emmené Alexeï Ivanovitch, je suis restée seule. Et je me suis mise à examiner minute par minute toute notre vie – la mienne et la sienne.

— Ida Grigorievna, l'interrompt de nouveau Fiodor Vassilievitch, si nous reportions cette entrevue de quelques jours ? Je suis très occupé aujourd'hui.

Mais il est impossible d'arrêter Ida.

— Non, c'est important ! C'est très important. Vous comprenez, je ne nie pas ma responsabilité, je la souligne même ! Je ne nie rien ! Mais en repensant à toute notre vie, j'ai compris que ce n'était pas une erreur !

— Ida Grigorievna, répète Fiodor Vassilievitch en essayant de l'arrêter, mais c'est impossible.

— J'ai compris que, sous couvert d'intérêts professionnels, en fait, il ignorait la vie du Parti, il restait à l'écart, et le plus terrible, c'est qu'il s'est retrouvé dans le camp des ennemis du Parti.

Et maintenant, j'ai compris comment cela a pu se produire, comment cela a commencé.

— Ida Grigorievna ! l'interrompt une fois de plus Fiodor Vassilievitch. Vous êtes trop bouleversée, vous n'avez pas dormi de la nuit. Je vous propose de vous reposer quelques jours, de réfléchir et de revenir me voir ensuite.

— Non, Fiodor Vassilievitch, c'est impossible, je ne peux tout simplement pas garder cela pour moi. Je dois tout vous raconter, tout de suite, c'est mon devoir en tant que membre du Parti.

— Bon, soupire-t-il, et il appuie sur une sonnette.

La secrétaire entre.

— Galia, prends ça en sténo, s'il te plaît.

La secrétaire hoche la tête et s'assied à une petite table près de la porte. Ida poursuit, très émue :

— J'ai fait la connaissance d'Alexeï en 1928. Il était issu d'une famille de koulaks, mais il le cachait soigneusement à tout le monde et, bien sûr, moi non plus, je ne le savais pas…

Deux hommes en combinaison de protection marchent dans un couloir de l'hôtel. Un troisième leur désigne une porte, ils entrent. Ania se lève d'un bond. Elle pousse un cri perçant.

— Du calme, du calme ! N'ayez pas peur. Il n'y a rien à craindre. Il va falloir que vous veniez avec nous.

— Que se passe-t-il ? Où est Rudolf Ivanovitch ? dit Ania presque en pleurant, les mains pressées contre la poitrine. Vous m'arrêtez ? Pourquoi ? Je n'ai rien fait...

Ils l'emmènent dans le couloir.

Sorine sort son manteau d'un placard, le jette par terre à côté de la table, et s'allonge dessus, les jambes repliées. Il tousse, son visage est altéré, il souffre... Sur le divan repose Mayer, mort, le visage recouvert d'un drap.

Les portes Pétrovski, l'hôpital Catherine. Les grilles de l'enceinte recouvertes de neige. Un jardin hivernal souffreteux et enneigé. Plusieurs feux de camp sont allumés. Près des feux, des gens qui sautillent. Un camion arrive, il en sort plusieurs personnes vêtues de combinaison, elles courent vers un feu. Les contours des objets sont brouillés, le feu a creusé un trou dans la neige.

Un gars frigorifié sort de la morgue avec une bouteille et un gobelet.

Les hommes braillent :

— T'en as trouvé ? Amène ça par ici ! Faut qu'on se réchauffe ! C'est de l'alcool à 90° ?

Les hommes s'attroupent, deux d'entre eux enlèvent leur masque, ils se bousculent autour de la bouteille. On les voit de dos, mais il est clair qu'il s'agit d'une distribution d'alcool.

Un gars en combinaison prend la bouteille vide, jette dedans une allumette enflammée et la lève au-dessus de sa tête en la tenant avec sa manche. Il y a une explosion à l'intérieur de la bouteille, le gars l'agite en l'air et chante une chanson paillarde. Un autre lui répond dans la foule. Commence une farandole, on voit sautiller des combinaisons grotesques, des masques à gaz. Le feu qui brûle.

Le quartier de Sokolinaïa Gora. L'hôpital en quarantaine, entouré d'un cordon sanitaire. Des chambres donnant sur un couloir. Deux aides-soignantes poussent un chariot avec une marmite remplie de kacha, de petits cubes de beurre et une pile de gamelles en aluminium. Par des ouvertures dans les portes des chambres, elles distribuent la kacha après avoir mis du beurre dessus, et versent du café dans des verres.

Des visages familiers : les membres de la commission, depuis le président jusqu'à Jourkine, tous les compagnons de voyage de Mayer, la femme de ménage et des clients de l'hôtel. La vieille qui avait volé les bottes fourrées mange la kacha de bon appétit. Elle est la seule à avoir l'air parfaitement satisfaite.

Un hôpital de province. Le téléphone du médecin-chef sonne. Il décroche.

— Allô ! (Il se lève, le visage transformé.) Ici le médecin-chef Kazimov… Quoi ? Anadourdyeva ? Compris ! Ne quittez pas !

Il fonce comme un dard hors de son cabinet.

— Egorova ! Où est Egorova ? Allez me chercher l'infirmière en chef ! Tout de suite ! crie-t-il.

Un instant plus tard accourt une vieille femme maigre avec un beau visage austère. Kazimov se précipite vers elle.

— Eléna Adrianovna ! C'est urgent ! La malade Anadourdyeva ! Qu'est-ce qu'elle a ?

— La malade Anadourdyeva a été amenée en ambulance à 3 heures du matin avec des coliques néphrétiques. On lui a donné des antalgiques, elle s'est sentie mieux au bout de deux heures, et elle a exigé de sortir. Je lui ai fait signer une décharge. Elle va bien, Nicolaï Khamidovitch.

Mais Kazimov fonce déjà vers le téléphone en lui lançant :

— Venez avec moi !

L'infirmière le suit.

— La malade Anadourdyeva est sortie en signant une décharge. À quelle heure ?

— À 6 heures du matin, lui chuchote l'infirmière.

— À 6 heures du matin, répète Kazimov… Bien. Nous allons désinfecter. Mais qu'est-ce qu'elle a, cette Anadourdyeva ?… Compris. Ce sera fait.

Kazimov, en nage, se laisse tomber sur une chaise, s'éponge le front, et dit à Egorova :

— On vient de téléphoner du NKVD. Ils exigent qu'on isole immédiatement Anadourdyeva et que l'on procède à une désinfection des locaux. Elle a attrapé… (il pince les lèvres et regarde fixement l'infirmière)… l'influenza. Alors ? Vous y comprenez quelque chose ?

Eléna Egorova, une femme raisonnable, secoue la tête et dit avec confiance :

— Je n'essaie même pas.

Fiodor Vassilievitch est dans son cabinet, sa secrétaire répond au téléphone dans la pièce à côté. Elle passe la tête par la porte du cabinet.

— Prenez la communication, Fiodor Vassilievitch ! C'est Kazan.

Fiodor Vassilievitch saisit l'écouteur. Il en sort des grésillements. Il est fou de rage.

— Qu'est-ce que vous foutez là-bas, vous vous fichez de moi ? Tu vas finir devant un tribunal ! Non, mais tu comprends où elle l'emmène ? En Asie centrale, bordel ! En Asie centrale ! (Il regarde sa montre.) Je te donne quatre heures ! C'est compris ? Il faut que d'ici quatre heures, elle soit placée en isolement ! C'est tout !

Un guichet de la prison de Léfortovo. Une queue. Ce sont principalement des femmes. Avec des cabas, des filets à provisions. Une petite vieille s'éloigne du guichet, toute contente.

Elle sourit à Véra Essinskaïa qui attend derrière elle.

— Ils ont accepté mon colis ! Ils ont tout pris ! Il est ici !

Et elle s'éloigne.

Essinskaïa est méconnaissable. Toute sa jeunesse l'a quittée d'un seul coup. De femme séduisante, elle est devenue une créature austère, sans âge et sans sexe.

Elle tend le cou vers le guichet.

— Vous voulez bien regarder, s'il vous plaît ? Essinski, Constantin Alexeïevitch.

— Non. Au suivant !

Elle s'éloigne du guichet. La vieille qui avait réussi à transmettre son colis l'a attendue, elle la réconforte.

— Tu ne vas pas le retrouver tout de suite. Faut laisser passer un peu de temps. Tu vas le trouver ! Le nôtre, le temps qu'on le retrouve, ça a duré six mois ! Et toi, tu veux savoir tout de suite !

Le couloir de l'hôpital. Tonia Sorina est assise par terre. Lev Sikorski est accroupi à côté d'elle.

— Qu'est-ce que vous faites assise là, Antonina Platonovna ? Venez dans mon cabinet. Vous ne pouvez pas rester ici. Venez.

Tonia a les yeux fixes, on a l'impression qu'elle ne voit rien, mais elle répond quand même d'une voix atone :

— Je l'ai tué. C'est moi qui l'ai tué.

— Ne dites pas de bêtises ! Alexandre Matveïevitch se comporte comme doit se comporter un vrai médecin. Vous comprenez ?

— C'est moi qui l'ai tué, répète Tonia. Je le sens…

— Allez, venez, Tonia ! Vous ne pouvez pas rester ici, assise sur ce sol froid !

Il tente de la relever, mais elle le repousse.

— Allez-vous-en tous !

Une jeune aide-soignante s'approche de Sikorski et l'emmène à l'écart.

— Elle ne se lèvera pas. Nous avons déjà essayé de la lever de force. Elle se débat. Je crois qu'elle est un peu…

Elle esquisse un geste bien connu.

Une queue dans un magasin. Des femmes âgées, des plus jeunes, un homme d'âge moyen au visage en bec de canard.

— Il est sorti du puits, et on l'a ligoté, déclare une vieille femme.

— Et où il l'a trouvé, ce puits ? Chez nous, rue Maslova, il n'y en a pas un seul, y a que des bornes à incendie, proteste une autre.

— C'était pas un puits comme ça, mais un truc en fer, pour les canalisations… explique la première.

— Ah, ce machin-là ! C'est autre chose, alors…, acquiesce son interlocutrice.

— Ils l'ont attrapé, et il avait du poison sur lui. Et ils l'ont emmené. Dans une voiture qui est arrivée.

— C'est un espion ! déclare fermement une troisième. Un Blanc, un Finnois.

— Y en a plein, en ce moment, renchérit une autre coiffée d'un fichu à carreaux.

— Et des saboteurs aussi, ajoute une petite vieille.

— Ça fait une grosse différence. Les espions, c'est une chose, et les saboteurs, c'est autre chose ! Y a une différence ! déclare l'homme d'un air entendu.

On l'écoute avec attention.

— C'est quelque chose, quand même ! dit une autre femme avec un foulard noué sur son bonnet tricoté. Près de la gare de Savéliov, y a deux jours, ils ont débarqué en pleine nuit dans un immeuble de cinq étages... Ils étaient tout en noir, avec des masques, comme s'ils étaient déguisés. Ça fichait une de ces trouilles ! Des vrais démons... Mais ils sont arrivés en voiture. Et ils ont embarqué quelqu'un du troisième étage. C'est comme je vous dis !

— La belle affaire ! intervient l'homme. Si on l'a embarqué, c'est qu'il le fallait. Il a dû faire quelque chose. Ma femme aussi m'a dit que sa copine les avait vus sortir d'une voiture, tout en noir ou en vert, je me souviens pas, ils couraient, et eux aussi, ils avaient des masques. Il paraît que c'est la peste ! ajoute l'homme d'un air important.

Les femmes s'affolent.

— La peste ?! ! Qu'est-ce que tu racontes ? C'était avant, la peste, du temps où les poules avaient des dents !

— Ça doit être le choléra !

— Comme si on avait besoin du choléra !

— On n'en a pas besoin, mais ça arrive. J'ai une sœur qui est morte du choléra.

— C'est pas le choléra, c'est la peste, je vous dis ! insiste l'homme.

Un individu en civil sorti d'on ne sait où le prend par la manche et l'entraîne doucement.

— Qu'est-ce que tu fais ? demande l'homme, étonné.

— Viens avec moi une minute, dit l'autre d'un ton tout à fait pacifique, mais l'homme se rebiffe.

— Non ! Je viendrai pas ! Je fais la queue, moi !

Mais surgit un second individu plus costaud, il le prend par l'épaule et dit, cette fois d'un ton qui n'est plus du tout pacifique :

— Venez avec nous, citoyen.

Dans un bureau, l'homme au visage en bec de canard est assis en face d'un fonctionnaire. Il tripote sa chapka. Son manteau est posé sur une chaise à côté de lui. Il porte une tunique usée.

— ... Dans ce cas précis, pour nous, l'important, c'est la source des rumeurs. Aussi, citoyen Kvasnikov, il est indispensable que vous vous rappeliez le nom de cette amie, explique le fonctionnaire d'une voix égale. Et de préférence très vite, sinon, nous allons devoir envoyer une voiture chercher votre femme, Maria Efimovna Kvasnikova...

Visiblement, Kvasnikov a très bien compris.

— Elle s'appelle Tokaréva. Nina Nikolaïevna.

— Et elle travaille où ?

— Dans une cantine. La cantine d'un foyer. Rue Karetnaïa, répond Kvasnikov d'un air sombre en cessant de résister.

— Eh bien voilà ! Et vous disiez que vous ne saviez pas ! Vous voyez, vous vous êtes souvenu ! le complimente le fonctionnaire.

Anadourdyeva marche dans une ville en direction de la gare. Sur la place de la gare, il y a un marché couvert. Elle s'arrête devant les portes, achète un petit pâté et, cherchant des yeux un coin tranquille, s'éloigne. Elle remarque devant un étal deux Turkmènes plus très jeunes vêtus d'épais caftans et coiffés de *papakhas*. Ils vendent des abricots secs et des grenades. Elle se dirige vers eux en souriant. Retrouvailles joyeuses. Le plus vieux lui serre la main cérémonieusement, le deuxième, plus jeune, lui sourit d'un air aimable. Ils parlent en turkmène. Le plus vieux lui fait signe de le suivre et l'emmène vers la salle de pesée. Il y a là une femme d'un certain âge vêtue d'une blouse blanche crasseuse. L'homme s'adresse à elle.

— Lina !

— Qu'est-ce que tu veux, Dovrane ? répond la femme.

— J'ai une cousine qui est arrivée. Tu peux l'héberger une nuit ? demande-t-il.

La femme lève les yeux sur Anadourdyeva. Mais celle-ci est tout à fait capable de parler pour elle-même.

— Aidez-moi, s'il vous plaît, je reviens de Moscou, je rentre chez moi. J'ai eu une crise de colique néphrétique, et on m'a transportée à l'hôpital. C'est passé, je n'ai plus rien maintenant, il faut que je rentre chez moi. Et demain mon oncle rentre à la maison. Ce serait bien que je fasse le voyage avec lui. C'est juste pour une nuit…, ajoute-t-elle en souriant.

— J'ai pas de place, mais je vais t'emmener chez ma sœur, c'est pas loin, d'accord ?

Anadourdyeva hoche la tête.

Un couloir dans un poste de la milice. Plusieurs femmes et un homme attendent. Une femme sort d'une pièce, en larmes.

— Alors ? demande une des femmes assises sur le banc.

— Il a pris mon signalement. Il m'a dit de revenir dans trois jours, ils vont faire des recherches.

— Trois jours, c'est beaucoup ! dit l'autre, compatissante. Mais c'est peut-être bon signe. S'il s'était fait tuer par des bandits ou renverser par un tramway, ils te l'auraient dit tout de suite.

Un homme entre dans le bureau du chef de la milice, il le salue.

— Camarade chef, ma fille a disparu, je veux faire un signalement, dit-il d'un air sombre.

— Bon sang ! bougonne le milicien. Ça fait deux jours qu'ils défilent sans arrêt. Alors, qui a disparu, chez vous ?

— Ma fille. Tania Sozonova, vingt et un ans, dit l'homme.

— Tania, Tania, donnez son prénom, pas son diminutif ! Et son patronyme !

— Tatiana Dmitrievna Sozonova, née en 1919, précise l'homme.

— Quand a-t-elle disparu ?

— Cela fait deux jours qu'elle n'est pas rentrée de son travail. Depuis, je n'ai aucune nouvelle.

— Vous avez téléphoné à son travail ?

— Bien sûr. Ils disent qu'elle n'est pas là-bas.

— Elle travaille où ?

— À l'hôtel Moskva, elle est femme de ménage.

Le milicien renifle.

— Drôle d'endroit, cet hôtel Moskva ! Les gens n'arrêtent pas de disparaître... Écoute, peut-être que ta fille, elle s'est barrée avec un amoureux, et toi, tu la cherches ? Peut-être qu'il faudrait la chercher ailleurs, hein ? demande le milicien d'un air soupçonneux.

— Non, c'est une fille bien. Sa mère est morte il y a six ans, et nous vivons tous les deux. Ce n'est pas une enfant gâtée. Et puis elle n'a pas d'amoureux, soupire le père.

— Bon, d'accord, remplis-moi un formulaire, ordonne le milicien, et il lui montre une chaise.

Il s'approche de la porte et demande :

— Il y a encore quelqu'un qui attend ?

Entre une femme en larmes. Ses lèvres frémissent, on dirait qu'elle n'a pas arrêté de pleurer depuis une semaine.

— Asseyez-vous, citoyenne, propose le milicien, mais elle reste debout.

— Bon, alors qu'est-ce qui vous arrive ? demande-t-il d'une voix lasse.

— Mon mari a disparu…

— Mmm… Ça fait le quatrième en deux jours. Asseyez-vous, asseyez-vous. Et ne vous en faites pas, la plupart du temps, les maris, ça se retrouve…

Dans le couloir du poste de milice, un nouveau couple est venu s'ajouter aux précédents visiteurs. Une femme d'un certain âge et une jeune, enceinte. Elles sont toutes les deux bouleversées.

Essinskaïa attend dans une queue devant un guichet. C'est la prison de la Taganka. Devant elle, une dizaine de personnes et, derrière, une file d'attente. Des femmes à l'air préoccupé, avec des baluchons, des sacs. Essinskaïa est coiffée d'un épais foulard, elle se fond complètement dans la foule, il ne reste plus rien de sa beauté d'antan.

Un fumoir dans l'Institut de médecine. De jeunes médecins, des étudiants de dernière année. Ils fument.

— Il est clair que c'est particulièrement dangereux…

— Tu rigoles ? Au XXe siècle, à Moscou ? En hiver ?

— Il y a des épidémies qui se répandent justement en hiver… La peste, par exemple, les agents de la peste ne supportent pas les températures élevées. C'est justement en hiver que les épidémies sont le plus virulentes…

— D'où ça viendrait, la peste ? Tout ça, c'est des balivernes…

— Il y a deux hôpitaux en quarantaine, l'hôpital Catherine et celui de Sokolinaïa Gora…

— Pourquoi l'hôpital Catherine ? L'autre, ça se comprend, c'est un hôpital spécialisé dans les maladies infectieuses.

— D'où ça vient, d'où ça vient… C'est du sabotage, voilà ce que c'est ! Je peux vous dire sous le sceau du secret qu'ils ont emmené Grigoriev !

— Chut !

— Quoi ?

— C'est qui, Grigoriev ?

— Tu ne sais pas ? C'est notre plus grand infectiologue…

Un peu plus loin, près du mur, deux personnes échangent des informations à caractère intime :

— Alors je lui dis – je vous en prie, vous serez plus confortable là… Et c'est vrai, un lit, c'est plus confortable…

Le service des urgences de l'hôpital Catherine fermé par des scellés. Une main avec un gant en plastique enlève les scellés sur la porte. Trois hommes en combinaison de protection entrent. L'un des trois est plus grand que les autres, il est corpulent, c'est l'anatomopathologiste Goldine, mais on ne voit pas son visage sous son masque. Les deux autres le suivent, ils poussent une table de dissection à roulettes. Ils regardent autour d'eux. L'évier est rempli de vaisselle. Sur la table, un monceau d'ampoules vides, une lettre avec écrit dessus « Pour le camarade Staline », et une autre commencée sur laquelle on ne lit que trois mots « : « Ma chère Tonia… ». Le docteur Sorine est allongé par terre près de la table, le visage contre son manteau. Il est mort.

— On les transporte dans la salle de dissection ? demande l'un des assistants.

— Non, bien sûr, on va faire les autopsies ici. Préparez la table.

Goldine ouvre la mallette contenant ses instruments.

— Il y a encore une autre table dans la salle des infirmières ?

L'un des deux assistants sort, puis revient.

— Il y en a une comme celle-là.

Ils recouvrent la table de papier, les deux hommes en combinaison posent le corps de Sorine dessus. Celui de Mayer est toujours sur la banquette.

— Où est le troisième ?

— Il est dans la salle des infirmières, c'est le barbier.

— Mettez-le sur un brancard et apportez-le ici.

Goldine commence son terrible travail : il découpe les vêtements de Sorine, puis passe le scalpel sur la cage thoracique…

Quelques heures plus tard, Goldine et ses assistants sortent du service des urgences en passant par un sas, où ils sont accueillis par une infirmière et un aide-soignant. On les déshabille en leur enlevant d'abord leurs tabliers, puis leurs gants et leurs masques, et on plonge tout cela dans une solution désinfectante. C'est une procédure longue et minutieuse. Finalement, Goldine sort dans le couloir où l'attend un médecin du commissariat du peuple à la Santé qui tient des papiers à la main. Ce sont les diagnostics que Goldine doit signer.

— Alors, Ilya Mikhaïlovitch ? demande le médecin du commissariat à la Santé.

— Le tableau clinique classique de la peste

pulmonaire. Taux de létalité de 100 %. Forme fulgurante. Ce qui est assez peu caractéristique à ce stade. D'habitude, cette forme apparaît au plus fort de l'épidémie.

— Ici, je vous prie, dit le médecin en lui donnant des papiers à signer.

Goldine signe. Deux individus discrets se détachent du mur et le suivent dans le couloir. Quand il arrive devant une porte où est écrit « Poste de secours », l'un d'eux passe devant et ouvre la porte tandis que le deuxième, d'un mouvement adroit de l'épaule, le pousse à l'intérieur. Et il ferme aussitôt la porte à clé.

Incompréhension immédiate sur le visage de Goldine.

— Ouvrez ! (Il tape du poing sur la porte.) Ouvrez, bordel !

Fou de rage, il flanque des coups de pied dans la porte qui tremble. Il se dirige vers la fenêtre – il y a des arbres couverts de neige derrière la vitre. À ce moment-là, la porte s'ouvre, et une main glisse un verre de thé à l'intérieur. Goldine se retourne et éclate de rire.

— Non, mais quels salauds !

Il prend le verre, le pose sur la table et, s'approchant de la porte, dit :

— Hé, qui est là ? Ouvrez cette porte !

Et une voix retentit soudain :

— Nous avons pour instruction de vous isoler.

— Je vois, répond Goldine. Parfait. Sachez

que je suis sur le point de défoncer cette porte, alors écartez-vous un peu.

Il prend dans un placard un instrument avec lequel il trifouille la serrure.

Tonia Sorina est toujours assise dans l'escalier. Près d'elle, son amie l'infirmière.

— Mange quelque chose, Tonia. À quoi ça sert, de rester là ? Viens, je vais te faire une piqûre pour que tu dormes. Tu vas dormir un peu, hein, Tonia ?

Tonia, pétrifiée, ne dit rien.

Réunion d'urgence chez le Personnage Haut Placé. Fiodor Vassilievitch fait son rapport d'un air important.

— En quarante-huit heures, quatre-vingt-trois personnes ont été appréhendées dans le cadre de l'opération IPD (Infection Particulièrement Dangereuse) : treize venant du train, trente-huit de l'hôtel et quarante-deux de la commission.

— Ils ont tous été appréhendés ?

— Il y a une femme que l'on n'a pas encore retrouvée.

— Je croyais que vous travailliez mieux que ça ! fait remarquer le Personnage. Les gens qui font mal leur boulot, ils n'ont rien à faire chez nous !

Des téléphones sonnent, des stylos écrivent, des lettres de machines à écrire tressautent.

Des avions décollent, des gens travaillent, travaillent. Sur une table, un monceau de photos. C'est un agrandissement d'une photo d'identité prise sur un document quelconque. Celle d'Anadourdyeva. Ses portraits sont distribués, ils s'empilent sur des bureaux.

Une infirmière s'approche de Sikorski et lui murmure quelque chose à l'oreille.

— Quoi ? s'écrit-il, surpris. Ce n'est pas possible !

Sikorski court le long d'un couloir. Deux hommes sont plantés devant une porte, visiblement, ils s'attendent à la voir s'écrouler. On entend derrière des coups, des grincements.

— Que se passe-t-il ici ? aboie Sikorski.

— On a des instructions spéciales, répond mollement l'un des gardes.

— Quelles instructions spéciales ? explose Sikorski.

— Vous n'avez qu'à téléphoner à la direction.

— Écartez-vous de cette porte ! Où sont les clés ?

— Nous ne sommes pas sous vos ordres ! dit un garde.

— Ici, c'est moi qui commande ! Moi ! hurle Sikorski. Veuillez vous écarter de cette porte !

Les deux gardes reculent et s'écartent. La porte vacille et tombe sur Sikorski, il la retient.

— Mon cher Ilya Mikhaïlovitch ! Au nom du

ciel, excusez-moi ! Je n'étais pas au courant de ce qui se passait ici. Je vous en prie ! Je vous en prie !

Sikorski pose la porte défoncée contre le mur, prend Goldine par le bras, et l'emmène dans son cabinet.

Dans le cabinet.

— Au cours de ces trois jours, Ilya Mikhaïlovitch, les gens se sont révélés sous des jours extrêmement divers… Oui, extrêmement divers… Mais le personnel s'est bien conduit.

— Vous m'autorisez à parler au commissaire à la Santé ? demande Goldine.

— Je vous en prie, je vous en prie !

Sikorski lui montre le téléphone. Goldine compose un numéro.

— Bonjour, Yakov Stépanovitch. J'ai effectué trois autopsies. Le diagnostic est confirmé. L'analyse microbiologique sera prête d'ici quelques heures. Après les autopsies, on m'a retenu et on a tenté de me mettre en quarantaine. La parole d'un commissaire à la Santé ne signifie donc rien ?

Le commissaire est embarrassé.

— Croyez-moi, Ilya Mikhaïlovitch, les instructions ne venaient pas de moi. Cela n'a pas le moindre rapport avec moi. Vous comprenez, le soin de faire respecter les mesures de quarantaine a été confié à une autre institution…

Un téléphone sonne sur le bureau de la secrétaire du commissaire, elle se précipite dans le cabinet de son patron et lui fait signe qu'il doit prendre de toute urgence l'autre communication.

— Excusez-moi une minute, Ilya Mikhaïlovitch !

Le commissaire prend un autre écouteur.

— Oui. Oui… Bon. Parfait. Ne quittez pas.

Il reprend Goldine.

— On vient de m'appeler de l'hôpital municipal n° 1. Un de leurs malades est mort il y a une heure. On suspecte un cas de peste. Le tableau clinique est incertain. Je vous demande instamment de procéder encore à une autre autopsie. Malheureusement, si la peste est confirmée, il va falloir fermer aussi cet hôpital… Je vous envoie une voiture.

Deux collaborateurs du NKVD, un Turkmène et un Russe, près d'un mur entourant une maison en pisé. Ils entrent. Une jeune fille charmante, presque adulte, vient à leur rencontre. Le Turkmène lui demande si sa mère est là. La jeune fille secoue la tête.

— Ma mère est à Moscou, répond-elle en turkmène.

Le Turkmène traduit pour le Russe : « Elle n'est pas encore rentrée. »

— Demande-lui quand elle sera là, dit le Russe.

Mais la jeune fille comprend parfaitement le russe.

— Aujourd'hui ou demain, elle ne va pas tarder. Nous l'attendons, répond-elle.

Les hommes sortent.

Le Russe, qui est le supérieur, explique à son subordonné :

— Je vais à la gare, je dois contacter Achkabad. Toi, Fazil, tu restes ici. Monte la garde. Dès qu'elle arrive, téléphone aussitôt à la gare, je t'enverrai une voiture. Tu auras une relève dans vingt-quatre heures, pas avant.

— Je pourrais peut-être m'installer chez eux, Piotr Borissovitch ? propose le Turkmène. Un visiteur qui vient de la ville, chez nous, ça n'étonnera personne.

— Non, Fazil. Il vaut mieux que tu montes la garde. Quand elle arrivera, elle risque de prendre peur et de s'enfuir, et il faudra qu'on lui coure après dans le désert…

Réunion chez le commissaire à la Santé. Un infectiologue, l'assistant de Grigoriev, est en train de parler.

— C'est aujourd'hui le dixième jour de quarantaine. Si d'ici dix-huit heures on ne décèle aucun signe de la maladie chez les personnes isolées, nous pourrons considérer que le danger d'épidémie est écarté.

La domestique Nastia est en train de servir le repas. Goldine entre dans la salle à manger. Sa femme le regarde attentivement.

— Tu as une mine épouvantable, Ilya ! dit-elle en secouant la tête.

— Je vieillis, Sonia ! dit-il en riant. Je n'ai pas dormi depuis deux nuits, et je ne tiens plus debout… Je dois dire que j'étais quand même plus solide avant !

— Moi qui avais l'impression que tu étais encore bon à quelque chose ! répond sa femme en pouffant.

Le téléphone sonne, elle se lève et va répondre. Goldine lui dit à voix basse :

— Ne me passe pas la communication.

Il est assis dans un fauteuil, les yeux mi-clos. Sa main qui tient la cuillère retombe près de l'assiette. Ses joues sont hérissées d'une barbe de deux jours.

Dans le couloir, Sophia tient bon :

— Non, non, c'est hors de question ! Il a travaillé deux jours d'affilée sans s'arrêter, il vient de rentrer et en ce moment, il dort… Non, je ne vais pas le réveiller… Comme vous voudrez. Mais pas avant trois heures !

Elle entre dans la salle à manger, furieuse, en disant :

— Non, mais tu te rends compte !

Elle voit que son mari s'est endormi à table et secoue la tête.

Fiodor Vassilievitch écoute le rapport qu'on lui fait par radio.

— Non, non, on ne l'a pas trouvée pour l'instant. Elle n'est pas dans un train.

— Comment ça, elle n'est pas dans un train ?

— Je vous le garantis. Elle n'y est pas. J'ai personnellement fait le tour des deux trains qu'elle aurait pu prendre, j'ai examiné chaque passager dans les yeux. Elle n'y est pas.

— Bon. Et à Razdolsk ?

— Après être sortie de l'hôpital, elle ne s'est pas rendue à l'hôtel et elle n'est pas allée à la gare. La dernière fois qu'on l'a vue, c'était au marché. Et c'est tout. On dirait qu'elle s'est évaporée.

— Et dans son village ?

— Elle n'y est pas. On dit qu'elle n'est pas rentrée de Moscou.

Fiodor Vassilievitch, l'air sombre, frappe sur la table de la tranche de la main et dit :

— N'oublie pas une chose, Borodatchev : si on ne la récupère pas, où qu'elle soit, ce sera notre dernière mission. Tu as compris ?

Fiodor Vassilievitch laisse tomber sa tête entre les mains, il pousse un profond soupir, puis un autre – il a du mal à respirer. Il se laisse aller contre le dossier de sa chaise et agrippe son épaule gauche des deux mains.

Anadourdyeva se trouve dans une cuisine minuscule en compagnie de la maîtresse de maison et de deux hommes. Sur la table, un encas d'une simplicité touchante : du chou fermenté, des concombres salés, des pommes de terre, des grenades, des abricots secs, de la viande séchée, des galettes turkmènes.

— J'ai vécu un an en Russie, je faisais des études dans un institut, poursuit Anadourdyeva. Et puis j'ai abandonné. On m'a mariée. Je suis allée quatre fois à Moscou. Je connais tout là-bas. Le Kremlin, le Mausolée…

— Moi, je n'y suis jamais allée ! Ça fait jamais que deux jours de train, mais je suis une idiote, je n'arrive pas à me décider, dit la maîtresse de maison avec envie.

— Je vais envoyer mon fils étudier à Moscou, ce sera un savant ! dit la visiteuse.

— T'as combien d'enfants ? demande la maîtresse de maison.

— Déjà six, dit l'invitée en souriant.

— Oh, mais avec qui tu les as laissés ?

— Il y a maman, et puis l'aînée est déjà grande ! répond Anadourdyeva.

— Elle a quel âge ?

— Douze ans.

— Ça alors ! Moi, j'en ai deux, et je rentre à toute allure du travail en me demandant quelle bêtise ils ont bien pu encore faire… Mais toi, t'es calme – et t'en as laissé six ! Avec une gamine de douze ans !

— Pas tous. J'ai la petite dernière avec moi, dit-elle en posant les mains sur son ventre.

La morgue. Dans le couloir, un homme en combinaison de protection. Goldine sort de la salle de dissection. On lui enlève sa combinaison. Il se lave les mains et les essuie. Il compose un numéro de téléphone.

— Oui, c'est Goldine… Non, j'appelle de l'hôpital municipal n° 1. J'ai terminé l'autopsie. Veuillez transmettre au commissaire que c'était une fausse alerte. C'est un cas typique de septicémie postopératoire. Excusez-moi, mais il s'agit simplement d'une déficience médicale. Les chirurgiens devraient mieux se laver les mains et mieux stériliser leurs instruments. Aucun signe de peste…

Des téléphones sonnent, des gens courent d'un étage à l'autre avec des papiers. Un assistant s'incline devant le Personnage Haut Placé.

— La mission que vous nous avez confiée a été menée à bien. Il n'y a pas de nouveaux malades. On peut annoncer au Secrétaire général que l'épidémie a été enrayée. On peut lever la quarantaine.

Le Personnage Haut Placé acquiesce d'un signe de tête.

— Levez-la !

Le portail de l'hôpital de Sokolinaïa Gora s'ouvre en grand. Des dizaines de personnes en sortent. C'est une journée ensoleillée. Il y a les passagers du train. Sans se reconnaître dans la foule, ils partent tous dans des directions différentes – la vieille femme aux bottes fourrées, Ludmila Kostrikina, l'homme au visage asymétrique et l'éleveur d'oies. Puis viennent les membres de la commission. Grigoriev discute avec Essinski.

— Vous comprenez, dit Essinski, ils m'ont embarqué à Leningrad, à la gare de Moscou. J'ai bien peur que ma femme ne se soit imaginé Dieu sait quoi.

— Moi, ils m'ont embarqué à la maison. Mais elle aussi, elle a dû s'imaginer Dieu sait quoi.

Les femmes de ménage et les clients de l'hôtel passent, certains se connaissent, d'autres non…

Un « corbeau » solitaire est garé devant le portail de l'hôpital. Nous, nous avons déjà perdu l'habitude de ressentir un sentiment désagréable à la vue de ces sinistres véhicules. Mais… Deux hommes en sortent, ils fendent la foule et entraînent à l'écart un homme vêtu d'un manteau avec un col en agneau.

— Alexeï Ivanovitch Jourkine ?

— Je vous écoute, répond calmement Jourkine.

— Veuillez nous suivre, dit l'un des hommes d'un ton aimable, nous aimerions avoir une petite conversation avec vous…

La foule s'écarte autour de Jourkine et, dans le passage ainsi libéré, il se dirige vers le fourgon cellulaire accompagné par les deux hommes.

Des retrouvailles, des embrassades. La fille disparue a été retrouvée, Essinski caresse la tête grise de sa femme, Ania franchit le portail, Lora Mayer court à sa rencontre et elles s'étreignent en pleurant… Rudik ! Rudik ! Les Grigoriev s'embrassent. Beaucoup de visages joyeux.

Alors que tous les personnages de cette histoire sortent ensemble de l'hôpital retentit un chant soviétique plein d'entrain :

Immense est mon pays natal,
Que de forêts, de champs et de rivières !
Non, je ne connais aucun autre pays
Où l'homme respire aussi librement !

Chez Kossel. Sa femme est assise dans un fauteuil. Devant elle, sur une table, le portrait de leur fils mort. Elle se couvre le visage de la main.

— Sérioja ? Je croyais que toi non plus, tu ne reviendrais pas. Qu'est-ce que c'était, Sérioja ?

Pour la première fois, son regard est attentif et concentré.

— C'était la peste, Dina. C'était juste la peste !

— Ce n'était que ça ?

Il hoche la tête.

— Et moi qui m'étais imaginé…

… Le chant patriotique soviétique retentit de plus en plus fort. Le soleil brille, c'est une journée magnifique, il y a une atmosphère de fête. Et c'est vraiment un jour de fête : des petites vieilles sortent de l'église du passage Brioussov en se souhaitant un joyeux Noël.

— Joyeux Noël !

— Joyeux Noël !

Les portes de l'église sont grandes ouvertes, et on entend retentir le chant de Noël : « Ta Nativité, Christ notre Dieu, a fait resplendir dans le monde la lumière de la Connaissance… »

Tout est recouvert par le chant patriotique plein d'allant.

FIN

J'ai écrit ce scénario à l'âge de quarante-cinq ans, lorsque j'ai présenté ma candidature aux cours d'écriture de scénarios de Valéry Frid. Il ne m'a pas acceptée, il m'a dit que je savais déjà tout et qu'il n'avait rien à m'apprendre. Trente-deux ans se sont écoulés depuis, et ce texte a acquis une actualité nouvelle.

1988 - 2020

PLUS TERRIBLE QUE LA PESTE...

L'humanité connaît depuis l'Antiquité des épidémies de maladies terribles – la variole, la peste, le choléra. Ces épidémies ont influencé l'histoire, elles ont fait s'écrouler des empires, elles ont déplacé les frontières géographiques des États et provoqué des déplacements de populations. Les épidémies s'inscrivent dans l'histoire de la lutte que tous les êtres vivants mènent pour leur survie – les virus, les microbes, les organismes les plus simples, et les êtres humains.

L'humanité connaît depuis l'Antiquité non seulement la cruauté de la nature, mais aussi la cruauté du pouvoir qu'elle a élaboré au cours de son évolution sociale. Un pouvoir peut être plus ou moins cruel, mais il a toujours pour fondement l'oppression de la liberté de l'individu au profit du bien de la société, un bien qui est parfois compris de façon très arbitraire par le pouvoir lui-même.

Il arrive que ces deux forces puissantes, le pouvoir de la nature et le pouvoir de l'État, se mettent à interagir.

Ce livre raconte l'histoire d'une épidémie de peste qui s'est déclarée à Moscou en 1939, et qui a été stoppée grâce aux efforts du service d'État le plus effroyable et le plus puissant qui soit – les organes de la sécurité d'État de l'URSS. Il s'agit sans doute du seul et unique cas dans toute son histoire où cette institution féroce et impitoyable a travaillé pour le bien de son peuple, et non dans le but de le terroriser et de l'anéantir. Les faits sont là : c'est le NKVD qui a stoppé cette épidémie en se servant de sa riche expérience dans le domaine des arrestations et des « liquidations ». En quelques jours, les employés de cette organisation ont établi une quarantaine draconienne. Si surprenant que cela puisse paraître, les organes de la sécurité d'État se sont avérés plus forts que les forces maléfiques de la nature. Cela donne à réfléchir…

Je voulais souligner l'idée que la peste n'est pas le pire des fléaux pour l'humanité, car les épidémies sont des processus naturels qui ne touchent pas seulement les êtres humains, mais également les animaux. Tandis que les épidémies de terreur que l'on observe de temps à autre dans les communautés humaines, elles, sont des créations de l'homme, et la nature ne prend aucune part à ces calamités.

Une question se pose avec une acuité nouvelle : quel mal est le plus terrible – celui des cataclysmes naturels et des épidémies, ou celui qui est généré par l'homme ?

Il y a là quelque chose de très subtil : la peste au temps de la peste. Ce livre raconte une histoire vraie qui s'est déroulée en URSS, à Moscou, en 1939, alors que les arrestations massives n'étaient pas encore terminées, que des milliers de gens ne dormaient pas la nuit et tremblaient dans l'attente de l'arrestation. Et voilà que sur cet arrière-plan surgit le danger d'une vraie peste, *pestis*, une infection échappée d'un laboratoire…

Aujourd'hui, l'humanité traverse la pandémie du Covid-19 qui se répand sur tous les continents. Mais on va sans nul doute trouver bientôt une parade à ce coup porté par la nature, des vaccins et des médicaments ne vont pas tarder à apparaître. Notre époque a néanmoins une particularité qui rend ce malheur universel : le monde ne fait plus qu'un, il a comme rétréci, et les épidémies peuvent prendre une dimension planétaire. C'est ce qui s'est passé avec le sida, lequel a contaminé soixante millions de personnes et en a tué vingt-cinq millions.

En tant que biologiste de formation, je suis à même de présumer que l'actuelle pandémie du Covid-19 sera vaincue, d'abord parce que, en vertu de toutes les lois, la souche du virus doit perdre de sa force et la maladie va devenir moins dangereuse. Ensuite, parce que jamais encore aucune infection ne s'était heurtée à une science aussi puissante et aussi réactive.

On peut même supposer que le pays qui fournira au monde un vaccin et un traitement est celui qui est le plus avancé sur le plan scientifique. Le nom de ce pays sera écrit sur le vaccin « Made in… » Avec le monde entier, je place de grands espoirs dans ce pays dont on ne connaît pas encore le nom.

On ignore quelles vont être les conséquences de cette pandémie. Comment allons-nous vivre après ? C'est une question qui reste ouverte. J'espère qu'il va se produire une réévaluation des priorités. J'espère que l'on va augmenter le financement de la science en général et de la médecine en particulier. Il est possible que le système politique mondial, préoccupé avant tout par des intérêts égoïstes et nationaux, change et s'oriente davantage vers le bien-être des populations, et non vers des objectifs politiques… Mais on ne peut pas non plus exclure un durcissement général du pouvoir.

Le monde change de façon imprévisible, et on voudrait espérer que cette nouvelle épreuve à laquelle est confrontée l'humanité ne va pas nous rendre plus fermés et plus égoïstes mais, au contraire, va nous faire prendre conscience que, dans ce monde qui ne fait désormais plus qu'un, s'il y a beaucoup trop d'agressivité, de haine et de cruauté, il n'y a en revanche pas assez de compassion et d'amour.

Et cela dépend de nous.

Composition : Nord Compo.
Achevé d'imprimer
sur Roto-Page
par l'Imprimerie Floch
à Mayenne, en avril 2021.
Dépôt légal : avril 2021.
Numéro d'imprimeur : 98140.

ISBN 978-2-292740-9 / Imprimé en France.

375131

INHALT

Touristische Informationsstellen

Die Urlaubsregion Waldecker Land im Überblick

Die Kunst im Wandel der Zeit

Geschichte und Geschichten

Heimische Genüsse für Zunge und Gaumen

Orts- und Landschaftsbilder von A bis Z

Wander- und Ausflugstouren

Wander- und Ausflugstouren

Weiterführende Literatur

Stichwortverzeichnis

VORWORT

Die Urlaubsregion „Waldecker Land“ im äußersten Nordwesten Hessens, identisch mit dem Landkreis Waldeck-Frankenberg, ist Jahr für Jahr Ziel begeisterter Gäste, die Erholung, Gesundung und Entspannung suchen.

Mit diesem Reise- und Wanderführer sollen ihnen, aber auch Einheimischen, die Schönheiten dieses Landstrichs in der freien Natur, in mittelalterlichen Städten und gepflegten Dörfern erschlossen werden. Historische Bau- und Kunstdenkmale werden ebenso vorgestellt wie die einzigartigen Schätze der Natur. Der Reiseführer soll zum Entdecken anregen und dem Gast eine Hilfe sein, seinen Aufenthalt recht erlebnisreich zu gestalten.

Vorschläge für abwechslungsreiche Rundwanderungen und Tourenvorschläge für den Autotouristen ergänzen die Informationen.

Wir hoffen, dass dieses Buch seinen Sinn erfüllt und allen Gästen ein wertvoller Begleiter wird sowie Gastgebern eine Hilfe bietet, ihren Gästen einen angenehmen und interessanten Aufenthalt zu bereiten.

Der Verlag

STÄDTE/GEMEINDEN – TOURISTISCHE INFORMATIONSSTELLEN

Allendorf (Eder)	Gemeindeverwaltung, Schulstraße 5, 35108 Allendorf (Eder), Tel. 0 64 52 / 9 13 10
Bad Arolsen	Gäste- und Gesundheitszentrum, Rauchstraße 2, 34454 Bad Arolsen, Tel. 0 56 91 / 8 94 40
Bad Wildungen	Kur- & Touristik-Service; Staatsbad, Langemarckstraße 2, 34537 Bad Wildungen, Tel. 0 56 21 / 70 4-1 13
Battenberg	Verkehrsamt, Hauptstraße 58, 35088 Battenberg (Eder), Tel. 0 64 52 / 9 34 40
Bromskirchen	Gemeindeverwaltung, Unterm Stein 2, 59969 Bromskirchen, Tel. 0 29 84 / 9 21 10
Burgwald	Gemeindeverwaltung, Hauptstraße 73, 35099 Burgwald, Tel. 0 64 51 / 7 20 60
Diemelsee	Tourist-Information Heringhausen, Kirchstraße 6, 34519 Diemelsee, Tel. 0 56 33 / 9 11 33
Diemelstadt	Verkehrsamt, Außenstelle Wrexen, Ramser Straße 6, 34474 Diemelstadt, Tel. 0 56 42 / 84 34
Edertal	Edersee Touristic GmbH, Büro Waldeck, Sachsenhäuser Straße 10, 34513 Waldeck, Tel. 0 56 23 / 9 99 80
Frankenau	Verkehrsbüro, Ehlingshäuser Straße 1, 35110 Frankenau, Tel. 0 64 55 / 7 99-0
Frankenberg (Eder)	Tourist-Information, Obermarkt 7 – 13, 35066 Frankenberg (Eder), Tel. 0 64 51 / 50 51 13

Gemünden (Wohra)	Stadtverwaltung, Marktstraße 10, 35285 Gemünden (Wohra), Tel. 0 64 53 / 9 12 30
Haina (Kloster)	Gemeindeverwaltung, Poststraße 4, 35114 Haina (Kloster), Tel. 0 64 56 / 8 12 20
Hatzfeld	Stadtverwaltung, Im Hain 1, 35116 Hatzfeld (Eder), Tel. 0 64 67 / 91 20-0
Korbach	Tourist-Information, Stechbahn 1, 34497 Korbach, Tel. 0 56 31 / 5 32 32
Lichtenfels	Stadtverwaltung, Goddelsheim, Aarweg 10, 35104 Lichtenfels, Tel. 0 56 36 / 97 97 15
Rosenthal	Stadtverwaltung, Am Rathaus 2, 35119 Rosenthal, Tel. 0 64 58 / 4 07
Twistetal	Gemeindeverwaltung Twiste, Hüfte 7, 34477 Twistetal, Tel. 0 56 95 / 9 79 90
Vöhl	Edersee Touristic GmbH, Büro Waldeck, Sachsenhäuser Straße 10, 34513 Waldeck, Tel. 0 56 23 / 9 99 80
Volkmarsen	Stadtverwaltung, Steinweg 29, 34471 Volkmarsen, Tel. 0 56 93 / 6 87-0
Waldeck	Edersee Touristic GmbH, Büro Waldeck, Sachsenhäuser Straße 10, 34513 Waldeck, Tel. 0 56 23 / 9 99 80
Willingen (Upland)	Kur- und Touristikservice, Waldecker Straße 12, 34508 Willingen (Upland), Tel. 0 56 32 / 40 11 80
Region	**Touristik Service Waldeck-Ederbergland GmbH** Südring 2, 34497 Korbach, freecall 08 00 954 35 90, Tel. 0 56 31 / 95 43 59, Fax 0 56 31 / 95 43 78 www.waldecker-land.de info@waldecker-land.de

Die geographische Lage der Region in Deutschland

DIE URLAUBSREGION WALDECKER LAND

Überblick

Landschaft und Menschen zwischen Sauerland und Edersee, zwischen den Höhenzügen des Rothaargebirges und der nordhessischen Metropole Kassel blicken auf eine lange Tradition als Erholungsgebiet, Gesundbrunnen, Freizeit- und Sportparadies zurück. Im fürstlichen Waldeck-Pyrmonter Heilbad Wildungen kurten Kaiser und Könige, Willingen hatten die Wintersportler bereits zu Anfang des 20. Jahrhunderts entdeckt, Eder- und Diemelsee entwickelten sich gegenüber ihrer ursprünglichen Zweckbestimmung zu wahren Wassersportzentren in einer ursprünglichen, reich gegliederten und abwechslungsreichen Landschaft mit einem hohen Anteil bunter Mischwälder, idyllischen Talniederungen und einer ökologisch großen Vielfalt. Gastfreundschaft ist so gewachsen, sie wird gepflegt und als Verpflichtung gesehen.

Edersee mit Talsperre und Kellerwaldbergen

Die **Urlaubs- und Freizeitregion „Waldecker Land“** besteht eigentlich aus mehreren Teilgebieten, die sich unter diesem historischen Werbebegriff zusammengefunden haben, Teilen des Sauerlandes mit dem Wintersportzentrum Willingen im Westen, dem Ederbergland im Süden und Teilen des Nordhessischen Berglandes mit Kellerwald und Burgwald. Politisch handelt es sich um den Landkreis Waldeck-Frankenberg, den flächenmäßig größten in Hessen. Seine Erholungslandschaften sind aus allen Himmelsrichtungen relativ gut und schnell zu erreichen. Die Kreisstadt Korbach liegt fast genau im Schnittpunkt der Verbindungslinien zwischen Leipzig im Osten und Düsseldorf im Westen sowie Bremen im Norden und Frankfurt am Main im Süden.

Verkehrsmäßige Erschließung

Die verkehrsmäßige Erschließung ist – zugegeben – nicht optimal. Die Autobahn Ruhrgebiet – Kassel berührt das Waldecker Land im Norden und Nordosten auf einer Länge von nur 13 Kilometern. Dadurch ist eine schnelle Verkehrsverbindung nach Westen und Osten gegeben. Von Dortmund beträgt die Entfernung bis zur Autobahnabfahrt Diemelstadt nur 120 Kilometer, nach Korbach über die Abfahrt Anröchte nur 100 Kilometer. Aus Norddeutschland und Berlin erreicht man die Region am schnellsten über die Autobahn Hannover – Kassel und weiter über die Autobahn in Richtung Ruhrgebiet und die A 49 über Fritzlar – Borken. Anreisende aus dem Frankfurter Raum benutzen zunächst ebenfalls die Bundesautobahn Frankfurt – Hannover, dann die Sauerlandlinie bis zum Gießener Ring und gelangen über Marburg nach Frankenberg. Das Netz der Bundesstraßen, die das Waldecker Land an seine Einzugsgebiete anbinden, ist gut ausgebaut.

Für den Urlaubsgast empfiehlt es sich, diese Wege abseits der Hauptverkehrsadern zu wählen, weil ihm auf diese Weise die landschaftlichen Schönheiten weit besser erschlossen werden. Auf der Schiene erreicht man die Teilregionen von Westen über Brilon-Wald – Willingen – Korbach, von Süden über Marburg-Frankenberg; vom Kasseler ICE-Bahnhof aus bestehen Schienenverbindungen über Bad Arolsen nach Korbach und in das Heilbad Wildungen.

Der **Öffentliche Personennahverkehr** (ÖPNV) verbindet die Zentren des Landes an Eder und Diemel mit den dünn besiedelten ländlichen

Teilen. Neben der Schiene werden die Verbindungen auf der Straße mit Bussen, aber auch mit dem bequemen Anruf-Sammeltaxi (AST) hergestellt. Handliche **Taschenfahrpläne** erhält man kostenlos in den Kundenzentren der Bahn, bei Gemeindeverwaltungen und den → touristischen Auskunftsstellen, Auskünfte über die Service-Nr. des Nordhessischen Verkehrsverbundes 01 80 - 2 34 01 80, tagsüber in Ausnahmefällen auch über (0 56 31) 9 55 - 3 53.

Bitte beachten: *Anruf-Sammeltaxen müssen nach dem jeweils gültigen Fahrplan mindestens 30 Minuten vor Abfahrt bestellt werden. (Telefon 01 80-5 05 01 80)*

Landschaftliche Vielfalt

Im Westen bildet das **Sauerland** als Teil des Rheinischen Schiefergebirges die Wasserscheide zwischen Rhein und Weser. Die höchsten Erhebungen erreichen mit Langenberg und Hegekopf bei Willingen immerhin 843 m über NN. Im äußersten Südwesten stellt die Sackpfeife mit 674 m über NN einen markanten Eckpunkt dar.

Das **Waldecker und Ostsauerländer Bergland** geht von einer Linie Marsberg – Hatzfeld nach Osten in das **Nordhessische Bergland** mit seinen verschiedenen Kleinlandschaften über. Einen eigenartigen Sporn des Rheinischen Schiefer-

Von der „Sackpfeife“ nach Norden, im Hintergrund Edertal und Kellerwald

gebirges bildet der **Kellerwald** mit seiner höchsten Erhebung, dem Wüstegarten (675 m über NN). Daran schließt sich im Süden bis vor die Tore der alten Universitätsstadt Marburg mit dem **Burgwald** eines der größten geschlossenen Waldgebiete Hessens an.

Insgesamt weist der Landkreis Waldeck-Frankenberg Höhenlagen von 180 m über NN im Tal der Eder bis 843 m über NN im Upland, dem hessischen Teil des Sauerlandes, aus. Auf dieser abwechslungsreichen Landschaft beruht nicht zuletzt der besondere Reiz dieses bevorzugten Erholungsgebietes.

Hinzu kommt, dass etwa 45 % der Fläche mit größtenteils Mischwäldern bedeckt sind, erschlossen durch ein enges Netz gut ausgebauter Forstwirtschaftswege, die zugleich als Wanderwege genutzt werden.

Romantische Wiesentäler mit ihren quellklaren Flüssen und Bächen teilen die vielen Höhenzüge. Häufig mussten diese Talniederungen wegen ihrer Auwälder und aus anderen ökologischen Gründen unter Naturschutz gestellt werden. Insgesamt genießen rund 8 % der Gesamtfläche, ihre Fauna und Flora, einen strengen Schutz.

Ausläufer des Sauerlandes bei Schweinsbühl

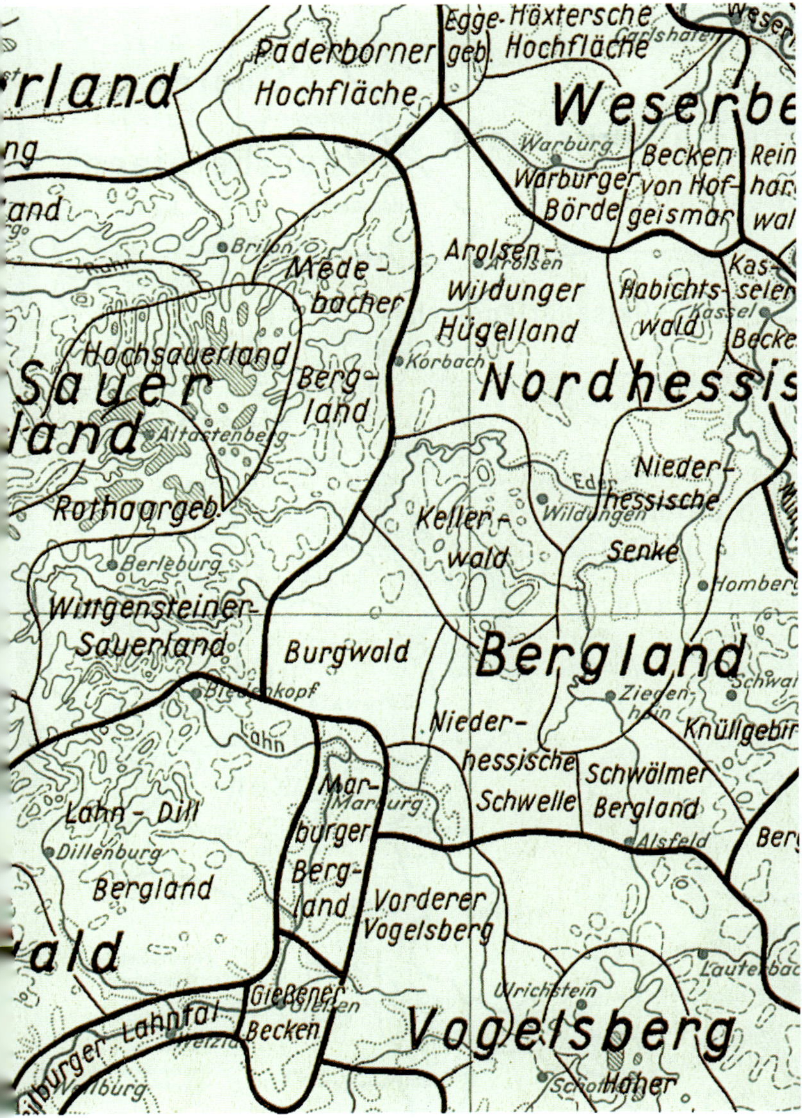

Naturräumliche Gliederung – Landschaftsgrenzen

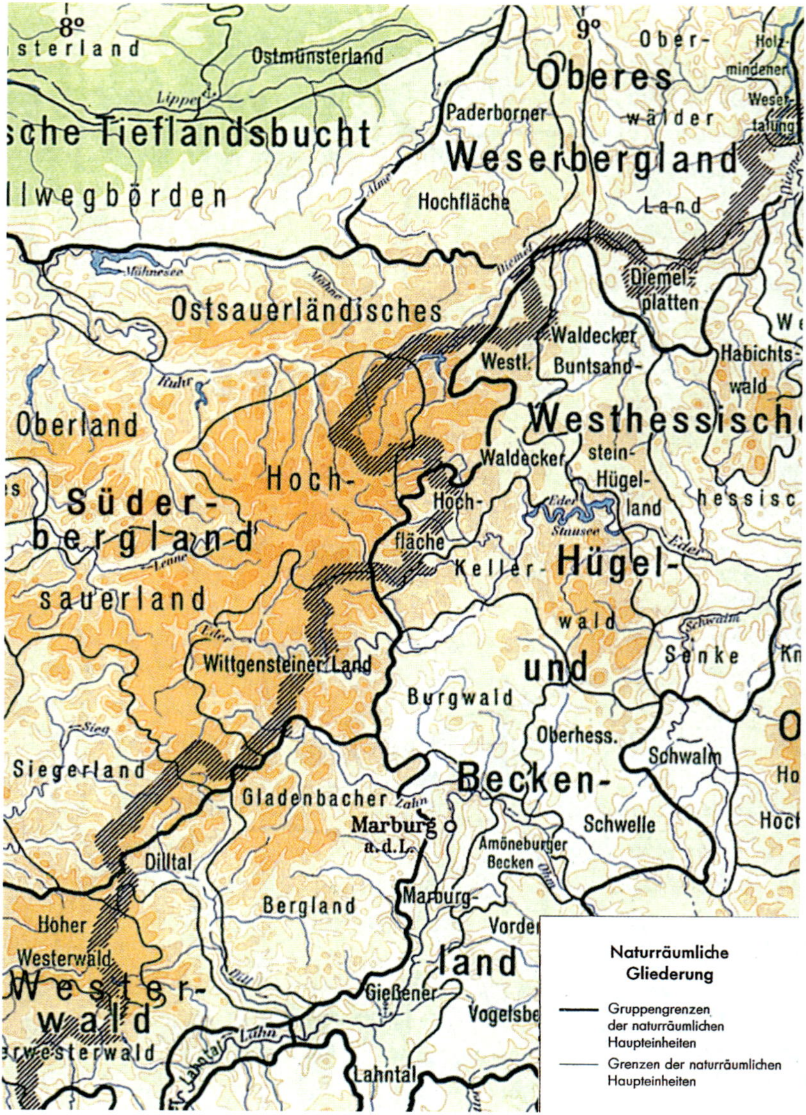

Naturräumliche Gliederung – Landschaftsgrenzen

Orketal

Die gesamte Region gehört zum Flusssystem der Weser. Die beiden größten Flüsse, Diemel und Eder, wurden im Waldecker Land zur Regulierung des Wasserstandes der Weser durch große Talsperren aufgestaut.

Inzwischen sind → Eder- wie Diemeltalsperre für Erholung und Wassersport von kaum zu überschätzender Bedeutung geworden. Dazu kommen die → Twistetalsperre östlich von Bad Arolsen und der 165 ha große → Affolderner See im Edertal. Zusammengenommen verfügt das Waldecker Land damit über 1500 ha stehender Gewässer, die nahezu uneingeschränkt für Freizeit und Erholung genutzt werden können.

Tiere und Pflanzen – Zeugnisse intakter Umwelt

Ebenso vielfältig und abwechslungsreich wie die Landschaft präsentieren sich dem interessierten Wanderer Tier- und Pflanzenwelt. Die ausgedehnten Waldungen bieten **Rot- und Schwarzwild** ausreichenden Lebensraum. Aber auch das scheue Muffelwild ist in den Wäldern zu Hause. Eingebürgert wurde in den dreißiger Jahren des vorigen Jahrhunderts der **Waschbär,** der sich mittlerweile vielerorts zu einer wahren Plage entwickelt hat.

Bei intensiven vogelkundlichen Beobachtungen konnten See- und Fischadler, Zwergschwan, Eisvogel

Waschbär

Im Mai entfalten bunte **Orchideenwiesen** ihre Blütenpracht. Vor allem im Norden, im Grenzgebiet zu Westfalen, an den Hängen des Werbetales und im unteren Edertal sind die Halbtrockenrasen als Orchideenstandorte zu finden. Dreißig verschiedene Arten konnten noch vor wenigen Jahren nachgewiesen werden. Eine Seltenheit und größtes hessisches Vorkommen ihrer Art bilden die Pfingstnelkenfluren an den Hängen des Edersees.
(siehe hierzu auch → „Weiterführende Literatur")

Orchideenwiese im unteren Edertal

und Pirol als Dauergäste nachgewiesen werden. Auch Schwarzstorch, Uhu und Kolkrabe sind wieder heimisch. Im → Waldschutzgebiet Edersee wurden allein sechs verschiedene Spechtarten beobachtet. Zurückgegangen ist aufgrund der intensiven Landwirtschaft der Bestand an Rebhühnern.

Indikator für die hohe **Wasserqualität** der Bäche und Flüsse sind Fische und Amphibien. Äsche, Forelle, Hecht und Zander stellen die beliebtesten Trophäen der Petrijünger in den Gewässern des Waldecker Landes dar.

Dreizähniges Knabenkraut

Bienen-Ragwurz

Fliegen-Ragwurz

Berg-Wald-Hyazinthe

Geschichte

Zu Beginn des Jahres 1974 wurden der Landkreis Waldeck und der Landkreis Frankenberg durch ein Landesgesetz zusammengeschlossen. **Waldeck** konnte auf eine nahezu 1000-jährige Geschichte als politische Einheit zurückblicken. Bis 1918 **Fürstentum,** wurde der spätere **Freistaat** dann 1929 an Preußen angeschlossen. Das Gebiet des Landkreises Frankenberg dagegen war über Jahrhunderte von Positionskämpfen unterschiedlicher Herrscherhäuser geprägt. Im 12. Jahrhundert stritten sich Hessen-Thüringen und Kurmainz um die Vorherrschaft in diesem Raum, später **Hessen-Kassel** und **Hessen-Darmstadt.** Noch heute wird das Gebiet um → Battenberg als Hinterland (von Darmstadt aus gesehen) bezeichnet.

Im 8. Jahrhundert waren es **Franken und Sachsen,** die sich in diesem Raum erbitterte Kämpfe lieferten. 772 eroberte Karl der Große die Eresburg (Obermarsberg), 778 fand eine Schlacht bei Laisa statt. Menschliches Leben lässt sich allerdings viele Jahrtausende zurückverfolgen. Funde aus der Stein- und Bronzezeit sind in den Museen zu sehen. Die „Heckelsburg" bei Thalitter und die „Hünselburg" bei Basdorf werden in das letzte Jahrhundert vor Christi Geburt datiert.

Ein Blick in die Geschichte erklärt die Besiedelung des Raumes, Baustil und Sprache ebenso wie die kulturelle Entwicklung, die über Jahrhunderte fast ausschließlich von der Kirche bestimmt wurde. Im 12. Jahrhundert und danach wurden sechzehn Klöster gegründet. Eine besonders mächtige Stellung hatte das → Kloster Haina. Es war eines der reichsten Klöster im heutigen Hessen.

Berühmte Söhne und Töchter

Über **Fürst Georg Friedrich zu Waldeck und Pyrmont** (1620 – 1692) sagt der frühere Bundespräsident Theodor Heuss in seinem Buch „Randfiguren der Geschichte": „Kaum ein anderer Deutscher des werdenden politischen Barock zwischen Wallenstein und Prinz Eugen ist mit ihm als Träger einer selbständig gedachten Reichspolitik zu vergleichen."

Fürst Friedrich Anton Ulrich (1706 – 1728), ein sehr kunstsinniger Landesherr, ließ nach französischem Vorbild das → Residenzschloss Arolsen erbauen, erweiterte → Schloss Friedrichstein bei Bad Wildungen und gründete die Stadt Arolsen. Auch die großen Alleen, heute noch eine Zierde der Stadt, ließ er anlegen.

Ehemaliges Kloster des Zisterzienserordens in Haina

Eine bedeutende und hoch geachtete Persönlichkeit war **Königin Emma der Niederlande** (1858 – 1934), geborene Prinzessin zu Waldeck und Pyrmont, die es während ihrer Regentschaft verstand, eine tiefe Kluft zwischen Volk und Krone zu überbrücken (→ „Geschichte und Geschichten").

Zu den bedeutenden Geisteswissenschaftlern seiner Zeit gehörte der preußische Gesandte in Rom und London, **Christian Karl Josias Freiherr von Bunsen** (1791 – 1860), der in Korbach geboren wurde. Aus einer waldeckischen Familie stammt auch der Physiker Robert Wilhelm Bunsen (1811 – 1899), der durch die Erfindung des Bunsenbrenners und die grundlegende Entdeckung der Spektralanalyse bekannt wurde.

Christian Daniel Rauch (1777 – 1857), in → Arolsen geboren, war einer der bedeutendsten Vertreter der klassizistischen Bildhauerkunst. Herausragende Werke sind das „Grabmal der Königin Luise" und das Reiterstandbild Friedrichs des Großen in Berlin. Dem großen Sohn der Stadt wird ein eigenes Museum gewidmet, in dem wertvolle Stücke aus der Sammlung der Stiftung Preußischer Kulturbesitz präsentiert werden (Eröffnung Ende 2002).

Reiterstandbild Friedrichs des Großen in Berlin von Christian Daniel Rauch

Wilhelm von Kaulbach (1804 – 1874) war der berühmteste Vertreter der aus Arolsen stammenden Künstlerfamilie. Er war Hofmaler des Königs Ludwig von Bayern und Direktor der Akademie der bildenden Künste in München. Das Kaulbach-Museum in Bad Arolsen enthält viele Werke der Künstlerfamilie.

In → Haina im Kellerwald wurde im Jahre 1722 **Johann Heinrich Tischbein d. Ä.** († 1780) geboren, Mitglied eines Malergeschlechts von Weltruhm und Maler schöner Frauen. Auch **Johann Heinrich Wilhelm Tischbein** (1751 – 1829), der „Goethe-Tischbein“, entstammt dieser Künstlerdynastie. Ein kleines Museum im Geburtshaus ist dem Wirken der Künstlerfamilie gewidmet.

Tischbeinhaus in Haina

Im Bad Arolser Stadtteil → Schmillinghausen wurde die Schriftstellerin **Christine Brückner** (1921 – 1996) geboren. Sie blieb ihrem Geburtsort immer eng verbunden.

Grabsteine der Schriftstellerin Christine Brückner und ihres Lebensgefährten, des Schriftstellers Otto Heinrich Kühner in Schmillinghausen

Auch bedeutende Wirtschaftskapitäne haben ihre Wurzeln im Land an Eder und Diemel: Kommerzienrat **Louis Peter** (1841 – 1921), in ärmlichen Verhältnissen in einem Korbacher Ortsteil geboren, wurde durch Tüchtigkeit und kaufmännischen Weitblick zum Gründer der Gummifabrik Louis Peter AG in Korbach, die heute Teil der Continental Gummi-Werke in Hannover ist.

Fritz Henkel (1848 – 1930), als Sohn eines Lehrers in Vöhl geboren, gründete die weltbekannten Persil-Werke in Düsseldorf.

Mit 35 Arbeitern übernahm **Dr. h. c. Hans Vießmann** im Jahr 1946 in Allendorf (Eder) den Betrieb seines Vaters und baute ihn zum heute weltweit größten Hersteller von Stahlheizkesseln aus.

Osterfeuer in Usseln

Bräuche, Feste und Events

Auf alten Überlieferungen und jahrhundertealten Rechten basieren viele der heute noch zwischen Eder und Diemel gepflegten Bräuche und Feste. Im Jahresverlauf ist eigentlich immer etwas los. Zu Ostern werden in vielen Orten **Osterfeuer** abgebrannt. Hier und da konkurrieren dabei verschiedene Gruppen miteinander. In Külte und Schmillinghausen wird das **Eierlesen** im jugendlichen Wettbewerb betrieben, in Sachsenberg findet ein **Pfingst- und Eiermarkt** statt, und in Eimelrod sucht man gar „Pfingstfuchseier".

Am Montag vor Pfingsten wird in Fürstenberg seit Jahrhunderten das **Igelfest** (→ „Geschichte und Geschichten") gefeiert, das auf eine mittelalterliche Sage zurückgeht und einen Igel mit goldener Kette zum Mittelpunkt hat. Ebenso alt ist das **Rückersfest** mit „Mädchenversteigerung" im Battenberger Stadtteil Laisa, das auf einer Legende basiert und nur alle sieben Jahre begangen wird.

Größte Volksfeste blieben bis heute der **Bad Arolser Kram- und Viehmarkt** und der **Frankenberger Pfingstmarkt.** Mehrere hunderttausend Besucher werden in Bad Arolsen Jahr für Jahr gezählt,

Mittelalterlicher Markt in Korbach

wenn „das“ Viehmarkt am „Heiligabend“ Anfang August eröffnet wird.

Einen herausragenden Publikumsmagneten bildet der jährlich im Oktober stattfindende **Mittelalterliche Markt** in Korbach.

Buntes Treiben in historischen Kostümen herrscht alle Jahre bei den **Freischießen** der historischen Schützengesellschaften im ehemaligen Fürstentum Waldeck, deren älteste bereits im Jahre 1377 gegründet wurde. Diese Heimatfeste mit prächtigen Festzügen sind von ihrer Ausstrahlung her mit den allerorts üblichen Schützenfesten absolut nicht vergleichbar.

Kleinodien der Schützengilde1377 Korbach

Den Jahresabschluss bildet das **Christkindwiegen** von den Türmen der großen Kirchen in Bad Wildungen und Korbach (seit 1543).

Christkindwiegen in Korbach

Neben den Traditionsfesten sind inzwischen auch Kultur- und Sportereignisse von teils internationalem Rang im Zeitplan fest verankert. Dazu zählen an erster Stelle die Bad Arolser **Barockfestspiele,** die Schlosskonzerte in der Residenzstadt und die **Kirchenkonzerte in Haina** (Kloster). Mit dem **Festival der Salon- und Caféhausmusik, Jazz- und Samba-Festivals** wird Bad Wildungen in jedem Jahr zu einer großen Musikbühne.

Willingen dagegen hat sich inzwischen über Deutschland hinaus als **Weltcup-Skiort** einen Namen gemacht. Fest zum Jahresprogramm gehört auch ein großes internationales **Treffen von Mountainbikern** (jeweils am 3. Wochenende im Juni). An Eder- und Twistesee treffen sich in jedem Jahr Triathleten zum fairen Wettkampf.

Aktuelle Hinweise auf Veranstaltungen findet man in der Tagespresse, den Gästezeitungen und bei Verkehrsämtern und Kurverwaltungen.

Mühlenkopfschanze in Willingen

DIE KUNST IM WANDEL DER ZEIT

Welleringhausen – Gesamtansicht mit Kirche

Romanische Baukunst und Plastik

Eine der ältesten **Kirchen** ist die zweischiffige Hallenkirche in **Bergheim,** die sicher schon um die Jahrtausendwende gebaut wurde. Der in schlichten Formen gehaltene Kirchenbau stellt wahrscheinlich nur den Rest einer ehemals größeren Kirche dar. Die bedeutendste der erhaltenen romanischen Pfeilerbasiliken steht in **Adorf.** Der fast fensterlose Turm zeigt Verwandtschaft mit ähnlichen Türmen des 11. und 12. Jahrhunderts im benachbarten Westfalen.

Ähnliche basilikale Anlagen wie in Adorf sind in **Berndorf, Twiste, Heringhausen, Goddelsheim** und **Mühlhausen** zu finden. Meist haben sie quadratische Türme und sind vorwiegend über quadratischem Grundriss errichtet.

Für Waldeck besonders charakteristisch sind die einschiffigen romanischen **Uplandkirchen,** die sich äußerlich in drei Stufen aufbauen. Ein besonderes Beispiel stellt die Kirche in **Welleringhausen** dar. In der gleichen Art wurden auch die Anlagen in **Schweinsbühl, Rhena, Nieder-Ense** und **Neerdar** gebaut.

Auch die Kirchenruine **Alt-Rhoden** gehört diesem Typus an.
Die einzige romanische Hallenkirche befindet sich als Krypta oder Unterkirche in **Wethen.** Sie hat wohl ehemals als Kapelle frei gestanden. Prächtige romanische **Kirchtürme** haben sich in **Netze, Adorf** und **Heringhausen** erhalten. Die Türme in Affoldern und Mühlhausen wie auch der **Burg- und Wohnturm in Nordenbeck** dürften im 13. Jahrhundert, an der Schwelle zur Gotik, entstanden sein. Einzige romanische **Doppelturmanlage** in Waldeck ist die ehemalige des 13. Jahrhunderts dazu über, ihn als Hallenkirche im rheinischen Übergangsstil fortzusetzen (südliches Seitenschiff).

Auch im mainzischen Einflussbereich der oberen und mittleren Eder waren bis zum 30-jährigen Krieg eine ganze Reihe von Pfeilerbasiliken zu finden, von denen heute nur noch Reste in teils mehrfach umgebauten Kirchen erhalten sind. Eine Besonderheit stellt die **Kirche St. Maria in Battenfeld** dar, die mit einem zusätzlichen Querschiff versehen wurde.

Klosterkirche Flechtdorf

Kirche in Battenfeld

Benediktinerkirche in **Flechtdorf.** Sie wurde noch im 12. Jahrhundert als Basilika begonnen. Da der Bau einen längeren Zeitraum in Anspruch nahm, ging man zu Beginn

Die romanische Plastik zeigt entsprechend den Volkstumsgrenzen im Norden den Einfluss der westfälischen Kunstzentren in Paderborn und Soest. Das wohl älteste Beispiel **romanischer Plastik** ist das Tympanonrelief der Kirchenruine **Alt-Rhoden.** Zwei eng verwandte Werke finden sich an den Uplandkirchen in **Rhena** und **Eimelrod.** Das Portaltympanon in Rhena zeigt Christus, auf dem Regenbogen thronend, umgeben von den vier Symbolen der Evangelisten: Löwe (Markus), Engel (Matthäus), Stier (Lukas) und Adler (Johannes). Das Relief in Eimelrod dagegen ist unvollendet geblieben. Beide Werke gehören der Soester Schule des ausgehenden 12. Jahrhunderts an.

Kirchenruine Alt-Rhoden

Romanisches Portaltympanon an der Kirche Alt-Rhoden (11. Jahrhundert)

Vorwiegend ornamental ist die romanische Plastik in den Kirchen zu Adorf und Flechtdorf. Ein **Drachenrelief an der Flechtdorfer Kirche** geht vermutlich auf altgermanische Vorstellungen zurück. Aus dem südlichen Waldeck haben sich nur Werke romanischer Plastik erhalten. Das bedeutendste Beispiel ist der aus Hüddingen stammende Taufstein im Korbacher Museum.

Gotische Baukunst und Plastik

Das Aufkommen der Gotik fällt zeitlich mit den Städtegründungen zusammen. Von Westfalen und Hessen drang ihr Einfluss in den waldeckischen Raum vor. In beiden Regionen hatte sich der Typ der Hallenkirche durchgesetzt, wobei die Elisabethkirche in Marburg gewissermaßen das Einfallstor in Hessen bildete. Die **Kilianskirche in Korbach** zeigt besonders enge Beziehungen zur Wiesenkirche in Soest. Die westfälische Raumform wurde auch übernommen beim Bau der Kirchen in Landau, Mengeringhausen, Sachsenhausen und Freienhagen. Die Kirchen in Wildungen, Waldeck und die Nikolaikirche in Korbach zeigen demgegenüber den Einfluss von Süden. Westfälisch allerdings ist der Turm der Korbacher Nikolaikirche.
Zum Teil mit reicher Bauplastik versehen sind die gotischen Kirchen in Waldeck. Besonders originell sind die Tragefigürchen und Wasserspeier am Chor der → Kilianskirche in Korbach (um 1335). Die Schlusssteine an den Gewölben sind meistens mit figürlichen oder ornamentalen Reliefs oder Wappen geschmückt. Mit Figuren geschmückte **Kirchenportale** finden sich in Korbach und Bad Wildungen. Das Wildunger Portal zeigt enge Beziehungen zur Elisabethkirche in Marburg. Besonders reich ist das Südportal der Kilianskirche in Korbach gestaltet. Es ist um 1420 entstanden. Der Stil zeigt Zusammenhänge mit dem Petersportal des Kölner Domes. Sehenswert sind die mit zierlichem Maßwerk geschmückte gotische Kanzel der Kirche und das 12 Meter hohe Sakramentshäuschen (1525). Es gehört zu den schönsten Werken dieser Art überhaupt. Verwandte Arbeiten dieser Art finden sich in den Kirchen zu → Fritzlar und Lippstadt.

Frühgotischen Ursprungs präsentiert sich der monumentale Bau der **Klosterkirche in Haina.** Sie wurde vermutlich um 1216 als dreischiffige Basilika im Unterbau begonnen, und der Ausbau um 1240 zur Hallenkirche, an französischen Vorbildern orientiert, fortgesetzt. Sehenswert sind die Verglasungen und die vollständig erhaltenen Ausmalungen.

Vorbild für die Frankenberger Liebfrauenkirche war die Elisabethkirche in Marburg. Sie weist eine reiche Bauzier auf, deren Höhepunkt die Marienkapelle bildet. Fanatische **Bilderstürmer** haben jedoch nach 1607 vieles zerstört.

Eines der frühesten **Kruzifixe** mit fast noch romanischen Zügen befindet sich in der Kilianskirche zu Korbach. Drei großartige, sich vonein-

Kilianskirche Korbach – Südportal

ander unterscheidende Lösungen haben sich in Waldeck gefunden: in der Nikolaikirche in Korbach ein Christus von weicher, idealisierter Formenschönheit, ein anderer in spätgotisch-barocker Ausdruckskraft die natürlichen Formen überbetonender Christus in Landau und der ihm wesensverwandte, im Stil der Renaissance aufgefasste Christuskörper in der Kirche von Bad Wildungen.

Gotische Tafelmalerei und Schnitzaltäre

Zwei der bedeutendsten Werke deutscher Tafelmalerei finden sich in den Kirchen von **Netze** und **Bad Wildungen.** Der Netzer Altar ist um 1370 entstanden. Er zeigt Leben und Passion Christi, wobei das dargestellte Thema mit der Himmelfahrt Christi endet. Der Wildunger Altar des Meisters Conrad von Soest aus dem Jahre 1403 stellt zusätzlich das Jüngste Gericht dar. Der Netzer Altar ist noch abstrakt-gotisch und zeigt keine räumliche Tiefe. Die Darstellung hat etwas abstrakt Übersinnliches. Der Wildunger Altar dagegen zeugt von einem erstaunlichen Naturalismus und Wirklichkeitssinn. Die Menschen stellen sich als Wesen von Fleisch und Blut dar. Beide Altäre sind von höchster Qualität und gehören zu dem Besten, was die altdeutsche Tafelmalerei aufzuweisen hat.

Einige weniger bedeutende spätgotische Altartafeln sind in **Bergheim** und im **Museum zu Korbach** zu sehen.

Im Alter von 62 Jahren hat ein Korbacher Franziskaner die Altäre in **Kilians- und Nikolaikirche zu Korbach** und in der Kirche in **Nieder-Waroldern** geschaffen. Die Bilder sind erfüllt von zarter Innigkeit und zeigen eine lebendige Darstellungsweise. Der Korbacher Altar weist insoweit eine Besonderheit auf, als in der dreigeteilten Predella das Abendmahl Christi und das jüdische Passahmahl nebeneinander dargestellt werden.

Abhängig von dem Korbacher Franziskaner war eine Werkstatt dieses Ordens in Meitersdorf, einer nicht mehr vorhandenen Ortschaft bei → Frankenberg. Die **Meitersdorfer Mönche** schufen die Altäre in → Kleinern, Külte und Braunau. Eine Verwandtschaft mit der Marburger Malerschule lassen die Altargemälde in Waldeck, Neu-Berich und Kleinern erkennen.

Um Frankenberg und im oberen Edertal sind vermutlich viele wertvolle Kunstwerke in Zeiten der Bilderstürmer verloren gegangen. Das **Fragment eines Altars** erinnert seit 1988 in der → Frankenberger Liebfrauenkirche an diese düstere Zeit.

Altar und Kanzel in der ehemaligen Zisterzienserinnenabtei Marienthal in Netze

Teil eines Elisabethaltars in der Liebfrauenkirche in Frankenberg

tion von sich reden. Obwohl der Zweite Weltkrieg schon lange beendet war, benutzte die englische Luftwaffe die Insel Helgoland als Versuchsziel für Bombenabwürfe. Das wollte von Hatzfeld nicht akzeptieren. Mit der deutschen Bundesfahne und der Europafahne unterm Arm ließen sich von Hatzfeld und ein Studienfreund auf dem Fischkutter „Paula“ von Cuxhaven bei schlechten Witterungsbedingungen auf die Hochseeinsel übersetzen, um den bombardierenden Briten Einhalt zu gebieten. Zwei junge Männer gegen eine Weltmacht! Fürwahr ein äußerst waghalsiges Unternehmen, das aber unverhältnismäßig schnell zum gewünschten Ergebnis führen sollte.

Der junge Adlige wie auch sein Freund Leudesdorff wussten, dass die Engländer die Absicht hatten, das Eiland vor der deutschen Küste durch jahrelange Bombardements im Meer versinken zu lassen, damit die evakuierten Helgoländer nie mehr auf ihre Insel zurückkehren könnten.

Die beiden Studenten konnten und wollten nicht verstehen, dass Jahre nach Ende des furchtbaren Zweiten Weltkrieges die Bombardierung nicht aufhören sollte. Schon dachten die Amerikaner an die Wiederbewaffnung der Bundesrepublik, und hier in der Nordsee hörte die Zerstörung deutschen Landes nicht auf.

Die Unternehmung „Flagge“ wurde von langer Hand geplant. Die beiden Idealisten suchten für ihr Vorhaben Unterstützung, Hilfe, vielleicht auch Zuspruch und Rückhalt. Doch überall warnte man, die Aktion könnte die Gespräche zwischen Bundesregierung und britischen Militärdienststellen wie auch mit der britischen Regierung in London erschweren, wenn nicht sogar unmöglich machen. Doch die Studenten hielten unbeirrt an ihrem Plan fest.

Am 20. Dezember hissten sie auf der Insel die Flaggen. Scharen von Journalisten und jungen Leuten folgten ihnen. Es dauerte noch einige Zeit, bis die evakuierten Insulaner wieder auf ihre Insel zurückdurften, den Ort, wo Hoffmann von Fallersleben die deutsche Nationalhymne gedichtet hatte.

Corbacher weisen deutschen Kaiser ab

Erinnerungen wurden wach, als der letzte deutsche Kaiser, Wilhelm II., mit seiner Gemahlin am 9. August 1910 Schloss Waldeck besuchte. Dieses Mal war Wilhelm mit dem Automobil in das Waldecker Land gekommen und wurde mit allen Ehren empfangen und mit Kaffee und Kuchen bewirtet.

Jahre zuvor dagegen hatte man ihm in Corbach als Handwerksburschen angesehen und ihm im Hotel „Waldecker Hof“ (heute Waldecker Bank), dem ersten Haus am Platze, Bett und Mahl verweigert. Die Stiefel waren staubig und auch sonst sahen er und seine Begleiter wohl nicht Vertrauen erweckend aus. Man war eben auf den guten Ruf des Hauses bedacht. Wilhelm und sein jüngerer Bruder, Prinz Heinrich, die gemeinsam und inkognito mit ihrem Erzieher eine Wanderung durch Nordhessen unternahmen, kamen dann doch noch im Gasthaus „Zum Engel“, einer gemütlichen Gaststätte in der heutigen Prof.-Kümmell-Straße, unter. Am nächsten Tag wanderten die hohen Herrschaften nach Arolsen weiter.

Der Kaiser hatte den Corbachern wohl verziehen, mied aber bei seinem Besuch im Jahre 1910 das Zentrum des Waldecker Landes.

Schneewittchen aus Bergfreiheit

Man schrieb den 14. September 1561, als Samuel, Graf von Waldeck, zu Alt-Wildungen die „Bergfreiheit“ verkündete und damit den Bergbau in dem heutigen Wildunger Stadtteil ermöglichte. Seine Schwester Margarethe von Waldeck (1533 – 1554) wird als „von außerordentlicher Gestalt und ausnehmender Schönheit“ beschrieben. Ihre Mutter starb, als sie gerade vier Jahre alt war. Danach lebte sie „über den sieben Bergen“ am Hof zu Brüssel und wurde dort vermutlich aufgrund einer Hofintrige vergiftet.

Auch die Tochter des Grafen Samuel wurde Margarethe (1564 – 1575) genannt und kam als „Unglückskind“ beim „Blumenbrechen“ im zarten Alter von nur elf Jahren in Ober-Werbe bei einem Sturz vom Felsen ums Leben. Ihre Mutter hatte einen unsoliden Lebenswandel geführt, weshalb das Kind bei Pflegeeltern aufwuchs.

Bergamtsmuseum

In Bergfreiheit lebten derweil die Bergleute „in kleinen Häusern mit kleinen Türen"; nur ein Zimmer bot ihnen Wohn- und Schlafgelegenheit. Die „Gugel" als Hals- und Nackenschutz gaben ihnen äußerlich das Aussehen von Zwergen. Häufig litten sie infolge der harten Arbeit in engen niedrigen Stollen an Krankheiten und Kleinwüchsigkeit. Auch Kinderarbeit in Bergwerken der damaligen Zeit ist nachgewiesen.

Und der gläserne Sarg von Schneewittchen? Im nahen Frebershausen existierte von 1678 bis 1681 eine Glashütte, deren Glasbläser es verstanden, die von Natur aus durch Eisenoxyd gegebene Grünfärbung aus dem Rohglas herauszubekommen und kristallines Glas herzustellen. Und Schneewittchen gebührte natürlich ein „besonderer" Sarg.

Viele Geschichten ranken sich um die Frage „Ist der Tod eine Verwandlung und eine Erlösung oder Rückwandlung?" Schneewittchen im Märchen der Brüder Grimm könnte durchaus seine Wurzeln im Waldecker Land haben. Das lässt sich aber nicht beweisen und sollte der Phantasie überlassen bleiben.

(Verkürzt und zusammengefasst nacherzählt nach „Schneewittchen – Märchen oder Wahrheit?" von Eckhard Sander, Wartberg Verlag, 34281 Gudensberg-Gleichen.)

Der Igel von Fürstenberg

Die Burg Lichtenfels war im 15. Jahrhundert im Besitz der Grafen von Waldeck und wurde von ihnen mit Vorliebe als Jagdschloss benutzt. Hausten doch damals in den umliegenden Wäldern Eber und Hirsche in großer Menge, zeitweise sogar Wölfe.

Einst hielt Heinrich der Eiserne, der alle sieben Jahre im Mittelpunkt des historischen Mengeringhäuser Freischießens steht, Jagdeinkehr auf Schloss Lichtenfels und machte reiche Beute. Da, am letzten Jagdtag, verfolgte er einen starken, geweihten Hirsch. Eine große Meute von Hunden trieb ihm das edle Wild wiederholt zu, aber weder mit dem Speer noch mit der Armbrust konnte er es erreichen. So waren der Graf und der Hirsch dicht vor den Mauern Fürstenbergs angelangt, und eben öffnete der Wächter das Tor, um den Kuhhirten mit seiner Herde einzulassen. Da suchte der Hirsch, der von seinen Verfolgern arg bedrängt wurde, seinen Weg mit der Herde durch das Tor in die Stadt.
Fürstenberg war in jener Zeit mit einer hohen Schutzmauer umgeben, die nur eine einzige niedrige Stelle

hatte. Trotzdem konnte niemand an dieser Seite die Stadt stürmen, weil sich außerhalb der Mauer ein Felsvorsprung befand, noch heute Klippe genannt, der jäh zum Heimbachtal abfiel.

Der Hirsch jagte durch die Gassen. Plötzlich erblickte er die niedrige Stelle der Mauer. Mit einem Sprung setzte er über sie hinweg, Herr Heinrich, der tollkühne Reiter, hinterdrein. Auf einmal bäumte sich sein Ross und war nicht von der Stelle zu bringen. Der Graf stieg ab und sah, dass sein Pferd vor einem Igel scheute, der zu seinen Füßen saß. Als er sich nach dem Hirsch umschaute, war nichts von ihm zu sehen. Da erst bemerkte er den furchtbaren Abgrund dicht vor sich und sah den Hirsch zerschmettert unten im Heimbachtal liegen. Hätte das Pferd nicht vor dem Igel gescheut, so wäre dem Jäger dasselbe Los beschieden gewesen. Der stolze Graf kniete nieder, dankte Gott und gelobte für seine wunderbare Rettung eine Wallfahrt nach dem Heiligen Land, die er später auch ausführte. Den Igel aber nahm er in seine Obhut, bestieg wieder sein Pferd und setzte über die Mauer zurück in die Stadt. Dort ließ er den Bürgermeister rufen und befahl ihm, den Igel in seine Pflege zu nehmen. Gleichzeitig gab er ihm einen größeren Geldbetrag, dessen Zinsen der Wartung des Tieres dienen sollten. Auch bestimmte er, dass von dem Überschuss alljährlich am Tag seiner Rettung in Fürstenberg ein Volksfest gefeiert werden sollte, wobei der Igel an einer goldenen Kette umhergeführt werden solle, um allen Leuten zu zeigen, dass Gott selbst das geringste Tier als sein Werkzeug benutzt.

Noch heute feiern die Fürstenberger in jedem Jahr am Montag vor Pfingsten ihr Igelfest. Und ein Igel an einer goldenen Kette ist immer dabei. Natürlich erhält er nach dem Fest seine Freiheit zurück.

Igelfest in Fürstenberg

Der goldene Ziegenbock

Der 562 m hohe Eisenberg bei Korbach ist die größte Goldlagerstätte Deutschlands. Es ist deshalb kaum verwunderlich, dass die Goldvorkommen in vielen Sagen eine Rolle spielen. Eine der schönsten ist die vom goldenen Ziegenbock.

In alten Zeiten lebte auf dem Eisenberg auf der Königsburg ein gewaltiger Herrscher, der so mächtig war, dass er Wetter und Winden gebot. Er lebte auf dem Berge in großer Einsamkeit, nur seine beiden Raben hielten Ausschau vom Berggipfel und berichteten ihm über alles, was in seinem Reiche vorging. Seine unermesslichen Goldschätze ruhten im Inneren des Berges und waren der Obhut seines treuesten Tieres, eines goldenen Ziegenbocks, anvertraut. Als einst mächtige Feinde in sein Reich eindrangen, zog er sich mit seinen Tieren zu seinen Schätzen tief in das Innere des Berges zurück. Die fremden Eroberer suchten vergebens, die Goldschätze zu heben. Nur hier und dort fanden sie ein wenig Gold, welches der Ziegenbock von seinen Hörnern abgeschabt hatte, wenn er zum Berggipfel emporstieg, um die Wetter zu wehren und sie abzulenken ins Tal der Eder oder der Diemel.

Heute sind die einst reichen Goldvorkommen im Eisenberg erschöpft. Das haben zahlreiche Untersuchungen ergeben, die bis in die jüngste Zeit hier immer wieder durchgeführt wurden.

Die Bergheimer Glaskugel

Die Bergheimer Grafen bekamen im 16. Jahrhundert eine verspiegelte Glaskugel von einem holländischen Fürstentum geschenkt. Diese Rarität stand auf einem Eisenständer im Schlosspark, wo sie jedes Wochenende poliert und geputzt wurde. Gingen des Sonntags dann die jungen Mädchen zur Kirche, so beguckten sie sich erst, ob sie auch hübsch genug waren.

Beim Einmarsch der amerikanischen Truppen wurde auch das Schloss besetzt. Dabei verschwand die Glaskugel. Vermutlich steht sie heute in Amerika.

1961 wurde von vielen Bürgern angeregt, das Bergheimer Wahrzeichen, nämlich diese Glaskugel, wieder anzuschaffen. Heute steht sie (außer im Winter) an einem zentralen Punkt im Ort, nämlich vor dem Ehrenmal an der Kirche, so dass sie dort von jedermann bewundert werden kann. „Jeder Neubürger, der die Glaskugel einmal geputzt hat, wird von den Bergheimern als Einheimischer anerkannt." Als Spiegel für junge Mädchen dient sie allerdings nicht mehr.

Das Schwein mit zwei Schwänzen

Nach dem Zweiten Weltkrieg herrschte allerorts in Deutschland große Not. Vor allem den Städtern ging es schlecht. Manch einer tauschte seine Habseligkeiten gegen einen Sack Kartoffeln oder eine Seite Speck. Die Bauern dagegen genossen ein Privileg. Sie durften selbst schlachten. Wie lange der Vorrat reichen musste, wurde von der staatlichen Aufsicht nach der Kopfzahl der Familie errechnet und festgelegt.

Nun gab es da verschiedene Tricks, denn Not macht bekanntlich erfinderisch. Man trieb also ein Schwein von etwa 180 Pfund zum amtlichen Wiegen, schlachtete aber zu Hause ein weitaus schwereres. Ganz Schlaue hatten auch ein „schwarzes Schwein", das dann nebenher mitgeschlachtet wurde. Damit ließen sich dann gute Geschäfte machen.

So hatte ein Bauer neben dem auf Schlachtschein legalen Schwein auch noch einem illegalen den Garaus gemacht. Da das in der Dunkelheit geschehen war, hatte man versehentlich zwei verkehrte Schweinehälften an der Leiter in der Scheune aufgehängt. In der Frühe des nächsten Tages stand der Gendarm, der mit der Kontrolle der Hausschlachtungen beauftragt war, verdutzt vor dem Ergebnis des Schlachtens und meinte: „Was ist denn das, euer Schwein hat ja zwei Schwänze!" Nur einen Augenblick lang war unser Bauer verlegen, dann meinte er: „Ja, ja, wenn andere Zeiten wären, dann hätte ich die Sau dem Zirkus verkauft. Da hätte ich viel Geld für gekriegt."
Ob ein Schwein beschlagnahmt wurde, ist nicht überliefert. Vielleicht wurde dem Gendarm auch ein Schinken versprochen.

HEIMISCHE GENÜSSE FÜR ZUNGE UND GAUMEN

In Zeiten von Fastfood und Fertiggerichten stellt sich recht häufig die Frage nach regionstypischen Spezialitäten und Gerichten. Es gibt sie auch im Land an Eder und Diemel, obwohl dessen Bevölkerung sich in der Vergangenheit bei Essen und Trinken eher in Bescheidenheit üben musste. Aus der Fülle sollen hier drei Gerichte vorgestellt werden. Sie stammen noch aus den früheren armen Zeiten, werden jedoch heute von den Gästen des Waldecker Landes als deftige Abwechslung in der alltäglichen Küche geschätzt.

Waldecker „Südfrüchte“

1 Steckrübe (in Waldeck Unterkohlrabi), ca. 1½ bis 2 kg, 750 g mageres Lammfleisch, 1 Zwiebel, 3 dicke Kartoffeln, Salz und Pfeffer. Zunächst die Steckrübe schälen und in Scheiben schneiden (ähnlich wie Kartoffeln für Salat). Um den herben Geschmack etwas zu mildern, Steckrübenscheiben mit heißem Wasser übergießen. Fleisch in Würfel schneiden und gut anbraten. In separatem Topf Steckrüben, Fleisch und Zwiebel – knapp mit Wasser bedeckt – fast gar kochen, Kartoffeln schälen und würfeln, hinzugeben und gar kochen. Mit reichlich Pfeffer und Salz abschmecken. In Waldeck isst man die „Südfrüchte“ sehr scharf gewürzt.

Schröggelsuppe

¾ Pfund Mehl in einer trockenen Pfanne hellbraun rösten. Mit 2 Litern Fleischbrühe aufkochen und mit etwas gekörnter Brühe und Zwiebelsalz abschmecken. 1 Pfund Kartoffeln in Würfel schneiden und in der Suppe gar kochen. Wenn die Suppe fertig ist, 3 Mettwürstchen in kleine Würfel schneiden und in der Suppe ziehen lassen. Dann servieren.

Ofenkuchen

Von 1 Pfund Mehl einen Hefeteig rühren (dickflüssig), gehen lassen. Unter den Teig die gleiche Menge geriebene rohe Kartoffeln (vorher ablaufen lassen) und 5 bis 6 Eier zum Schluss darunter rühren. Mit Salz abschmecken. Auf einer mit Speckschwarte eingeriebenen Eisenplatte backen. Warm mit Butter bestreichen, einrollen und aus der Hand verspeisen.

Versunkener Obstkuchen

60 Gramm Butter, zwei Eier, 170 Gramm Zucker, 120 Gramm Mehl, 500 Gramm frisches oder eingemachtes Obst.

Eigelb und Zucker schaumig rühren, den Eischnee darunter geben und noch etwas weiterrühren. Das Mehl und zuletzt die geschmolzene Butter (darf nicht sehr heiß sein) dazugeben. Die Masse in eine Springform füllen, mit dem Obst (am besten säuerliches) belegen und bei mäßiger Hitze goldbraun backen. Das Obst versinkt in den Teig.

Was damals am Hof der Fürsten zu Waldeck und Pyrmont auf den Tisch kam, lässt sich im „Waldeckischen Kochbuch aus 1932" nachlesen (im Buchhandel erhältlich).

Heute locken Wild und Fisch aus heimischen Wäldern und Gewässern Gourmets in die Restaurants und Gaststätten; eine ökologisch orientierte Landwirtschaft garantiert jedoch ebenso ein qualitativ hochwertiges Schnitzel und ein saftiges Steak. Waldecker Wurst wird in viele Länder Europas exportiert. Der Bauer liefert sein Schlachtvieh auf kurzen Wegen direkt an den Metzger.

Bad Arolsen ist Sitz der ältesten Brauerei in Hessen, im Gut Lauterbach wird aus eigenem Korn Hochprozentiges gebraut, und im benachbarten Basdorf kann man köstlichen Beerenwein aus heimischen Früchten kosten und kaufen. Wenn Gäste ihre Wünsche nach regional typischen Gerichten und Spezialitäten äußern, werden sie vom Gastgeber gern erfüllt.

ORTS- UND LANDSCHAFTSBILDER VON A BIS Z

Erläuterungen

Die Orte und ausgezeichnete Teillandschaften der Urlaubsregion „Waldecker Land" werden in alphabetischer Reihenfolge, unabhängig von ihrer Größe oder touristischen Bedeutung vorgestellt.

Die **Namen der Großgemeinden** sind mit einem Raster unterlegt, um ergänzende Informationen bei den touristischen **Auskunftsstellen** (Seite 10/11) zu Öffnungszeiten, Führungen, Preisen usw. einholen zu können.
Einbezogen wurden auch lohnenswerte Ausflugsziele in unmittelbarer Nachbarschaft der Urlaubsregion.

Die angegebenen Telefonnummern und Öffnungszeiten entsprechen dem Stand bei Drucklegung.

Bei **Ausweisung und Markierung der Rundwanderwege** waren der Hess.-Waldeckische Gebirgs- und Heimatverein sowie der Sauerländische Gebirgsverein behilflich.

Verschiedene Themen und Besichtigungsobjekte sind in Büchern und Broschüren eingehend dargestellt.

In vielen Kirchen liegen kleine Informationsschriften zu Baugeschichte und Kunstschätzen aus. In einem ergänzenden **Literaturverzeichnis** (S. 173 ff) sind diese zusammengefasst.

Gäste der Region sollten sich zunächst an ihren **Gastgeber** wenden, der ihnen gern weiterhilft.

Adorf

Diemelsee

Bedeutet „Dorf am Wasser“, Verwaltungssitz der Großgemeinde Diemelsee. – Fachwerkhäuser.
Kirche: dreischiffige romanische Pfeilerbasilika aus der zweiten Hälfte des 12. Jh. mit quadratischem Westturm (Wehrkirche), spätgotischer Sakramentsnische (Ende 15. Jh.).
Klippe (links der Straße Adorf – Giershagen): Naturdenkmal, geologisch bedeutsam, „Zonen“-Gliederung gilt auf der ganzen Erde als Maßstab für die Gliederung des unteren Oberdevons, „Adorf-Stufe“, 300 Millionen Jahre alte Fossilfunde.

Klippe

Besucherbergwerk (Zugang von der Straße Adorf – Padberg): Öffnungszeiten von April bis Oktober: Mittwoch 14 bis 17 Uhr, Samstag 13 bis 17 Uhr, Sonntag: 10 bis 17 Uhr, oder nach telefonischer Vereinbarung. Von 1273 (erste urkundliche Erwähnung) bis 1962 Abbau von

Besucherbergwerk Adorf

Eisenerz; freigelegter, 1600 Meter langer Stollen, altes Bergwerksgerät, Mineraliensammlung.

Affoldern

Edertal

Affeltra (830), eiszeitliche Siedlung auf der Höhe zum Bahnhof Buhlen hin, wechselvolle Geschichte des Ortes im Mittelalter, 1777 wird in der Eder Gold gewaschen, in der Nacht vom 16. zum 17. Mai 1943 erlitt der Ort durch einen Angriff britischer Flugzeuge auf die Edertalsperre schwere Verwüstungen. Über die Hälfte der Häuser wurde vernichtet, die Kirche stark beschädigt (Ehrenmal vor dem Dorfgemeinschaftshaus), Unterbecken zum → Pumpspeicherwerk Waldeck II. – Töpferei.

Eddergolddukaten

Affolderner See

5,4 Millionen m^3 Inhalt, max. Wasserfläche 180 ha – der See kann für Freizeit und Erholung genutzt werden. **Baden** ist wegen der sich sehr schnell verändernden Wasserstände gefährlich und deshalb nicht gestattet. Salmonidengewässer (Regenbogen- und Bachforellen, Äschen). Mit **Booten** darf das Gewässer nur bis zum Zwischendamm befahren werden. Wegen der hier brütenden und rastenden Wasservögel wurde das gesamte Unterbecken als **Naturschutzgebiet** ausgewiesen!

Albertshausen

Bad Wildungen

„Halloh“ westlich des Ortes: flächenhaftes Naturdenkmal, Hutewald, seltener Baumbestand.

Allendorf (Eder)

Industriegemeinde, Sitz des Heizkesselherstellers Viessmann, **Flugplatz, Zentrum Viessmann:** Eindrucksvolle Ausstellung zum Thema „Kunst und Technik“, Werksmuseum – Geöffnet werktags von 8 bis 15.30 Uhr.

Angler am Affolderner See

Flugplatz Allendorf (Eder)

Altenlotheim

Frankenau

Reste der Quernstkirche südöstlich des Ortes im Walde, ehemalige Pfarrkirche der Wüstung Quernshorst, Aussichtspunkt.

Asel

Vöhl

1913 wegen des Baus der Edertalsperre aus dem Tal auf die Höhe verlegt, **Jugendherberge** „Hohe Fahrt“, **Fährverkehr** (auch Fahrradfahrer) nach Asel-Süd (Tel. 0 56 35/6 08).

Bad Arolsen

1131 wurde ein Augustiner-Nonnenkloster gestiftet und vom Bischof von Paderborn bestätigt; Schirmvogt wurde Graf Volkwin I. von Schwalenberg, Vorfahre des Waldecker Grafengeschlechts. Das Kloster wurde 1493 den Antonitern in Grünberg übergeben. Die Reformation brachte die Auflösung der Klöster. Mit dem Kloster gelangten auch dessen umfangreiche Besitzungen an die Grafen von Waldeck. 1530 wurde das Kloster zu einem Schloss ausgebaut und die Residenz dorthin verlegt. Die Stadt Bad Arolsen wurde am

20. September 1719 gegründet. Ansiedlern wurde unentgeltliche Überlassung von Grundstücken, Gewerbe- und Religionsfreiheit und eine 15-jährige Abgabefreiheit zugesagt. Die Siedler mussten ein Vermögen von 1000 Gulden nachweisen, damit Arolsen nicht „mit unvermögenden Einwohnern angefüllt werde". Der fürstliche Baudirektor, Major Julius Ludwig Rothweil entwarf – unterstützt durch seinen Sohn – die Pläne für Stadt und Schloss Arolsen. Von der geplanten Stadt, deren Mittelpunkt das Schloss bilden sollte, kam nur der westliche Teil, der mit dem Kirchplatz abschließt, zur Ausführung. Schon 1653/54 war die großartige sechsreihige Eichenallee angelegt worden. Die ersten Häuser entstanden 1717. 1748 erneuerte der Fürst die Privilegien und versuchte ausländische Kaufleute und Fabrikanten nach Bad Arolsen zu ziehen. Seit 1728 war Bad Arolsen Sitz der höchsten Landesbehörden, dann Haupt- und Residenzstadt des Landes Waldeck.

Schloss: Idee der Anlage geht auf Versailles zurück, wo Fürst Friedrich Anton Ulrich längere Zeit geweilt hatte; Grundsteinlegung am 13. Mai 1710 nach Abbruch des alten, im Jahre 1530 erbauten Schlosses, erst 1713 Beginn der eigentlichen Bauarbeiten unter J. L. Rothweil, der auch die Schlösser in Neuwied und Weilburg erbaut hatte. 1720 Einzug der Fürstenfamilie in das noch unvollendete Schloss, Bauarbeiten noch acht Jahre später, 1749 – 58 Errichtung des gegenüberliegenden Marstalls, ab 2002 Christian Daniel Rauch-Museum. 1764 – 78 Bau des neuen

Residenzschloss Bad Arolsen

Die Residenzstadt Bad Arolsen liegt inmitten des Waldecker Landes und bietet Ihnen alle denkbaren Voraussetzungen für einen angenehmen Aufenthalt:
Hier ist Geschichte kein Relikt, sondern gelebte Kultur.
NIKE
Atmen sie mal tief durch oder...
Unter dem Motto
„Gesundheitsvorsorge, die Spaß macht“
bietet Ihnen das Gäste- und Gesundheitszentrum viele Möglichkeiten, etwas für Ihr körperliches und geistiges Wohlbefinden zu tun.
Infos:
Gäste- und Gesundheitszentrum
www.bad-arolsen.de
Rauchstraße 2
34454 Bad Arolsen
Tel. 0 56 91 / 89 44 0
Fax 0 56 91 / 51 21
Werden Sie aktiv und nutzen Sie den Urlaub zum Einstieg in eine gesündere Lebensweise und höhere Lebensqualität.
Bad Arolsen
Natürlich!

Wir bringen Sie voll in Schwung!
Spannung & Entspannung im neuen Freizeitbad Arobella
Kennen Sie schon die Erdsauna? Kaminsauna? Finnische Sauna?
Täglich von 10.00 - 22.00 Uhr geöffnet. Fr. und Sa. sogar bis 23.00 Uhr. Familienpreise schon ab € 8,70.
Entweder im großzügigen Saunabereich abschalten...
... gehen sie doch einfach baden!
oder die herrlich leichten und gesunden Gerichte unserer Gastronomie genießen...
oder im Spaßbad einfach mal gegen die Strömung schwimmen.
Entweder... oder...oder... im Arobella wird jeder Tag zu einem unvergeßlichen Urlaubstag. Auch wenn die Sonne einmal nicht scheinen sollte.
Arobella
baden, saunen, schön entspannen
Infos unter Telefon 0 56 91 / 80 62 00
Freizeitbad Arobella
www.arobella.de
Schlesienstraße 23
34454 Bad Arolsen

Schlosskapelle

Schloss Friedrichstein

„Friedrichstein". Nach Verlegung der Residenz nach → Bad Arolsen nur noch gelegentlicher Wohnsitz der fürstlichen Familie, seit Ende des Zweiten Weltkrieges Eigentum des Landes Hessen.
Jagd- und Waffenmuseum (Teil der Staatlichen Kunstsammlungen): Sammlung zur hessischen Militärgeschichte, hist. Waffen und Orden, alte Jagdgeräte, im Erdgeschoss sog. Türkenbeute. – Öffnungszeiten: März bis November 10.00 bis 13.00 / 14.00 bis 17.00 Uhr, montags geschlossen. Restaurant.
Altstadt: Bild hat sich weitgehend bis heute erhalten, Fachwerkrathaus aus 1431 abgebrochen, heute klassizistischer Bau aus der Mitte des 19. Jh., besonders verzierte **Fachwerkhäuser** z. T. aus dem 16. Jh. in der Brunnenstraße, der Hinterstraße, der Lindenstraße, der Münzstraße, der Neuen Straße, der Mittelstraße und am Kirchplatz. Brunnenstraße 27/29: Stadtschlösschen Cuylenburg; die Grafschaft in den Niederlanden kam 1639 in waldeckischen Besitz. Prachtvolle Jugendstilbauten (Fürstenhof, Quellenhof) und Villen aus der Gründerzeit; Brunnenallee. – **Heimatmuseum** (Lindenstraße): Vor- und Frühgeschichte, Stadtentwicklung – Informationen und Führungen: Tel. (0 56 21) 7 29 42 – Geschichte des Heilbades (balneologische Sammlung) im **Kurmuseum** (Brunnenallee 1), Öffnungszeiten: täglich von 14.00 bis 17.00 Uhr.

Kurschattenbrunnen

22 Mineralquellen: 1378 Fassung des Stadtborns, der heutigen „Georg-Viktor-Quelle" im Kurpark, die „He-

Bad Wildungen

Die bekannte Kur- und Kulturmetropole, eines der bedeutendsten deutschen Heilbäder überhaupt, zieht seit einigen Jahren neben zigtausenden von klassischen Kurgästen und Klinikpatienten in steigender Zahl auch Urlauber, Tagungsgäste und Ausflügler in ihren Bann. Kein Wunder, bietet die Badestadt doch eine harmonische Kombination aus malerischem Stadtbild, unverfälschter Natur auf Schritt und Tritt und ein wahrlich umfassendes touristisches Angebot. Hier, in den urwüchsigen Mischwäldern des Naturparks Kellerwald, gesegnet mit einem gesunden Klima und ausgestattet mit einem überaus attraktiven Kultur- und Freizeitangebot in der Stadt selbst und in ihrem Umland, lässt es sich leben.
Bad Wildungen liegt nicht weit (12 km) vom Edersee im Herzen eines wahren Wanderparadieses; mehr als 600 km gut beschilderte Wege und regelmäßige geführte Exkursionen erschließen die zahlreichen Naturschönheiten und Sehenswürdigkeiten der Region.
Bereits Ende des 14. Jahrhunderts war die heilsame Kraft der mehr als 20 Quellen bekannt, schon um 1580 wissenschaftlich erforscht und zur Behandlung von Nieren- und Blasenleiden genutzt. Heute werden in den mehr als 20 hochqualifizierten Kliniken in Bad Wildungen und Reinhardshausen Menschen mit modernsten Therapien unterschiedlichster medizinischer Fachrichtungen behandelt.

Bad Wildungen hat viele Gesichter: im Herzen der malerischen Fachwerk-Altstadt auf einer Anhöhe die fachwerkumsäumte Stadtkirche mit dem berühmten Flügelaltar des Conrad von Soest, enge Gässchen und alte Wehranlagen, im nahen Bergfreiheit das historische Besucherbergwerk und hier das barocke Schloss Friedrichstein hoch über der Stadt.
Auf der anderen Seite Europas größter Kurpark, gleich zwei Heilbäder von internationalem Rang, mondäne gründerzeitliche Villen, prachtvoller Jugendstil, unzählige Brunnen, einschmeichelnde Kurmusik und die Spielbank.
Kultur ist ein Hauptthema: Allein fünf Museen, das "Schneewittchen"-Haus, klassische Konzerte in Schloss und Kirchen auf hohem Niveau, namhafte Festivals mit Jazz-, Folk- und Caféhausmusik, Vorträge, Kleinkunst, Star-Theater, Musicals und Varieté oder große Pop- und Rockveranstaltungen finden hier ihr Publikum.
Alle zwei Jahre begeistert Anfang September der große Bad Wildunger Blumenkorso mehr als 50.000 Menschen und der traditionelle Kram- und Viehmarkt ist als quirliges Volksfest zugleich Bühne idyllischer Begegnungen von Bürgern und Gästen.
Eine gepflegte Hotellerie und Gastronomie mit manch urigem "Geheim-Tipp" umsorgt den Gast und bietet Betten, Service und Lukullisches für nahezu jeden Geschmack.
Golf, Reiten, Tennis, Gleitschirm- und Segelfliegen sowie Biking setzen den sportlichen Akzent eines Aufenthaltes in Hessens größtem Heilbad, das sich seinen eleganten Charme bewahrt hat.
Attraktiver Freizeitmagnet für Familien mit Kindern ist das Heloponte, eine Erlebniswelt unter Dach, mit Hallen- und Freibädern, 80-Meter-Riesenrutsche, Sauna-Erlebniswelt, Dampfbad, Beachvolleyballfeld, Kunsteisbahn sowie speziellem Kinderbereich.

Umfassende Informationen erhalten Sie von:
Kur- & Touristik-Service; Staatsbad, Langemarckstr. 2, 34537 Bad Wildungen
Tel. (0 56 21) 704-113 · Fax (0 56 21) 704-126
freecall: 0800/79 10 100
E-Mail: tourist@badwildungen.de
Internet: http://www.badwildungen.de

lenenquelle“, die zunächst den Namen Salzbrunnen hatte und später nach der Fürstin Helene von Waldeck benannt wurde, Wiederentdeckung der „Königsquelle“ im Jahr 1869. Daneben treten um Bad Wildungen weitere Heilquellen zutage, die jedoch von nachgeordneter Bedeutung für den Betrieb des **Heilbades** sind, das sich bis Ende des 18. Jh. im Besitz der Fürsten von Waldeck befand. Dann Gründung einer Aktiengesellschaft, 1945 Hessisches Staatsbad, heute städtisch. – **Heilanzeigen:** Nieren- und Blasenleiden, Stoffwechselstörungen, Herz- und Kreislauferkrankungen. **Kurpark:** größte Anlage dieser Art in Europa mit zum Teil exotischen Bäumen und Sträuchern, über hundertjährige Nadelgehölze, **Hochseilgarten. – Spielbank** (Automatenspiele) – Brauhaus – Umfassendes **Freizeitangebot: 9-Loch-Golfplatz,** Segel- und Gleitschirm-Fluggelände, regelmäßige Kurkonzerte und Tanzveranstaltungen. Musikfestivals im Sommerhalbjahr; großer Blumenkorso. Freizeitanlage **Heloponte:** Frei- und Hallenbad. **Sonderrain** (östlicher Hang des Helenentales): Naturschutzgebiet, seltene Farnarten, größtes Vorkommen der Küchenschelle in Hessen, Pfingstnelke und seltene Kleintierwelt. Naturschutzgebiet Ederauen → Naturpark Kellerwald – Landesgartenschau 2006.

Reinhardshausen

Bad Wildungen

Anerkanntes Heilbad, ehemals gräfliches Gut, wurde 1851 verkauft, das Dorf 1940 nach Wildungen eingemeindet. Schon 1605 nennt der Chronist Dilich den „Bron bey den Dorff Reinhardshausen“ als einen von drei Wildunger Sauerbrunnen, 1894 gründete der Bad Wildunger Kurgast Görner aus Zittau den Betrieb der „Reinhardsquelle“, der heute von einer privaten Gesellschaft geführt wird. – **Kurparkverbindung nach Bad Wildungen.**

Reitzenhagen

Bad Wildungen

Ehemals ein größeres Kirchdorf, das im 30-jährigen Krieg zerstört wurde, malerisch im engen Wildetal gelegen, 1940 nach Bad Wildungen eingemeindet. **Lindenmühle:** fränkische Hofanlage, erbaut um 1800. Wild-romantische **Bilsteinklippen** (nordwestlich Reitzenhagens über dem Wildetal): flächenhaftes Naturdenkmal, geologisch und botanisch bedeutsam: – Pfingstnelke, Goldhaaraster, blutroter Storchschnabel, Alpenleinblatt (einziges Vorkommen in Hessen).

Altstadt Bad Wildungen

Basdorf

Vöhl

Alte Gerichtslinde von 1527 mit Steintisch und Rundbogenportal (1626), Fruchtweinkelterei, südl. d. Ortes über dem Edersee bei Höhe 376 ü. NN Wallanlage „Hünselburg“, Naturschutzgebiet, **Erlebnispfad „Knorreichenstieg“**, seltene Baumbestände und Pflanzengemeinschaften (Parkplatz am Waldrand Richtung DKV Fürstental).

Battenberg (Eder)

Ursprünglich mit Teilen Wittgensteins Grafschaft. Seit 1234/38 kauften sich die Erzbischöfe von Mainz in die Grafschaft ein, ab 1296 Alleinherren. Von 1604 an gehörte die Bergstadt bis 1932 zu Hessen-Darmstadt.

Dreischiffige gotische **Hallenkirche** (um 1300), Kellerburg, 1464 aufgegeben, Graben und Reste des Beringes um den runden Bergfried erhalten (**Aussichtsturm**), Schloss (1732) als **Jagdschloss** erbaut, heute Rathaus, Reste einer **Wallburg** auf dem Eisenberg, Scherbenfunde der Hallstadtzeit (500 v. Chr.), zahlreiche gut erhaltene Fachwerkbauten mit Amtshaus und ehemaligem Rathaus, heute **Stadtmuseum** (Sammlung von Negativ-Glasplatten, Geschichte der Stadt und des Adelsgeschlechts derer von Battenberg, deren englische Linie sich

Battenberg mit Neuburg (heute Rathaus) und evangelischer Kirche

seit 1917 Mountbatten nannte) – Öffnungszeiten: mittwochs und sonntags 14.00 bis 17.00 Uhr – Drachenflugschule, **Frei- und Hallenbad, „Besucherbergwerk"** Burgbergstollen (Tel. 0 64 52 / 52 72 oder 93 44 18).

Battenfeld

Allendorf (Eder)

778 anl. eines Kampfes zwischen Franken und Sachsen erstmals urkundlich erwähnt, alter Gerichts- und Kirchsitz, romanische **Marienkirche,** bereits 879 genannt, Pfeilerbasilika mit Wehrturm, Seitenschiffe im 30-jährigen Krieg zerstört, wertvolle hölzerne Kruzifixe (15. Jh.), gut erhaltene Fachwerkhäuser (18. Jh.). Bei Battenfeld tritt die Eder aus dem Rothaar- und dem Lützelgebirge heraus.

Naturschutzgebiet Battenfelder Triescher

Battenhausen

Haina (Kloster)

Kirche: 1779 – 86 neu unter Verwendung des alten Mauerwerks (vermutlich 13. Jh.) erbaut, Holzgewölbe als Decke, Gestühl und Emporen in den Formen der Zeit – **Skigebiet** mit Lift und Abfahrtshang.

Benkhausen

Diemelsee

Malerische Kalksteinfelsen östlich des Ortes mit natürlichen Aushöhlungen, genannt die „Hollenlöcher", nach der Sage Wohnsitz der Hollen = Heinzelmännchen. Von den Klippen schöne Aussicht.

Bergfreiheit

Bad Wildungen

Luftkurort, früher Bergwerkssiedlung auf der „Freiheit" (→ „Geschichte und Geschichten"), 1738 wird die Meierei „Neusess oder Neubau" genannt. Hüttenwerk und Hämmer kamen kurz nach 1808 zum Stillstand.

Besucherbergwerk Bergfreiheit

In Bergfreiheit soll das Märchen von Schneewittchen und den sieben Zwergen seinen Ursprung haben.

Kellerwaldachat

(→ „Geschichte und Geschichten"). Im **„Schneewittchenhaus"** (Tel. 0 56 26 / 17 36) finden Märchenlesungen, auf einer **Freilichtbühne** Aufführungen statt.

Besucherbergwerk: teilweise freigelegte Stollen des Kupferbergwerkes. Öffnungszeiten: Dienstag, Donnerstag, Sonntag 14.00 bis 16.00 Uhr. **Bergamtsmuseum; restauriertes Bergamt** mit Gästeräumen und Schmiede, Tonbildschau über Erzgewinnung und Metallverarbeitung. Besichtigungen (1. 5. – 30. 11. Di.–So. 14 – 16 Uhr, Di./Do./So. 14 – 16 Uhr oder nach Vereinbarung 07 00 / 23 74 93 75)

Edelsteinschleiferei: Wegen des Achates, der an einigen Stellen in Feld und Wald zu finden ist, von einem Bergfreiheiter Bürger gegründet, heute auch Bearbeitung fremder Edel- und Halbedelsteine.

Bergheim

Edertal

Kirche: zweischiffiges romanisches Langhaus, eindrucksvoller Innenraum, an der Nordseite des Chores das Jüngste Gericht und darunter die 12 Apostel, an den anderen Seiten ebenfalls Wandmalereien, Grabmale der Grafen von Waldeck an der Schiffssüdwand und der Kirchensüdmauer.

Schloss (heute Privatbesitz): im Mittelalter bestand schon adeliger Burgsitz, 1669 Neubau eines Schlosses, gegenwärtiger Bau unter Verwendung älterer Teile 1785/86 durch den Kasseler Baumeister J. S. du Ry errichtet, klassizistischer Fachwerkbau, im Inneren wertvolle französische Bildtapeten mit der Folge „Amor und Psyche". – Im Ort eine Reihe gut erhaltener **Bauernhäuser** mit Balkeninschriften. – Nahe dem Ort **Ausgrabungen** der Michelsberger Kultur (etwa 2500 v. Chr.); bandkeramische Kultur wurde erstmals 1930 festgestellt. **Thermalquelle** im Norden des Ortes.

Berndorf

Twistetal

Baranthorpe (um 860), dem Kloster Corvey gestiftet, bei Berndorf schon um 1350 mehrere Mühlen, im 18. Jh. Kupferbergwerk. – **Kirche:** romanische Pfeilerbasilika mit quadratischem Westturm, geschnitzter Altaraufsatz. – **Bauernhäuser** z. T. niedersächsischen Typs mit Balkeninschriften. – Beheiztes **Freibad.**

Biedenkopf

Landkreis Marburg-Biedenkopf

1196 erstmals erwähnt, 1648 mit → Battenberg an Hessen-Darmstadt – **Altstadt** mit gut erhaltenen Fachwerkhäusern – Reste der früheren Stadtbefestigungen – **Burg:** Reste 1843 – 47 restauriert – **Hinterlandmuseum** (in der Burg): Eisenindustrie, Holzbe- und -verarbeitung, „Kleider machen Leute", Trachten – Öffnungszeiten: 1. 4. – 15. 11. (außer montags) 9 bis 7 Uhr – **Stadtführungen** und Informationen: Tel. (0 64 61) 95 01-0 oder 70 41 62.

Böhne

Edertal

In der Gemarkung sind zahlreiche Stücke aus der Jungsteinzeit (etwa 8000 – 2700 v. Chr.), Michelsberger Siedlung auf dem „Sengelsberg", **Menhir** aus Kellerwald-Quarzit im „Fosshöller Graben".

Braunau

Bad Wildungen

Kirche: barocke Saalkirche, wertvoller spätgotischer **Schnitzaltar** mit bemalten Seitenflügeln aus der Werkstatt der Meitersdorfer Franziskaner (Wüstung bei Frankenberg) aus dem Jahre 1523. – **Braunauer Warte** (östlich Braunaus): rings von Wall und Graben umzogen, Wehrturm, der nach der → Wildunger Stadtgründung erbaut wurde (nicht besteigbar). – **Steinbruch** (nordöstlich Braunaus): Kellwasserkalk des Devon, in schwarzen Kalkbändern bis 50 cm große, flache Kalkknollen, in denen bereits im vorigen Jahrhundert versteinerte Reste von Panzerfischen (Knochenplatten statt Schuppen) gefunden wurden, deren Erforschung bis heute nicht abgeschlossen ist; einziges Vorkommen dieser Art in Europa. Naturdenkmal! Rechts der Straße Braunau – Bergfreiheit der Gutshof Gershausen, 1285 erstmals urkundlich erwähnt.

Brilon

Hochsauerlandkreis

973 n. Chr. erstmals urkundlich erwähnt, historischer **Marktplatz** mit Rathaus (um 1250, 1755 umgebaut), Schultenhaus und Petrusbrunnen – **Glockenspiel** (11, 15 und 17 Uhr): mit Szenen des Schnadezuges (Grenzbegang) – Teile der Stadtbe-

Gräberfeld Bringhausen mit Resten der Burg Bringk

festigungen mit **„Derkere Tor“** erhalten – **Stadtmuseum:** Bergbau, Glockengießerei, **Saurierausgrabungen** – Öffnungszeiten: Dienstag bis Freitag 15 bis 17 Uhr, Donnerstag und Sonntag 10 bis 12 Uhr. – **Kostenlose Stadtführungen** – Informationen: Tel. (0 29 61) 96 99-0.

Bringhausen

Edertal

Im Edersee auf Kuppe „Liebesinsel“ die Ruinen der Burg Bringk, darunter lag der Ort, der beim Bau der Edertalsperre 1912 – 1914 aufgegeben werden musste. Ein neues Dorf ist auf der Höhe entstanden. An die Ortslage schließt sich unmittelbar das → Waldschutzgebiet Edersee an (Rot-, Dam-, Muffel- und Schwarzwild), das als Buchenwald-Nationalpark ausgewiesen werden sollte. Idealer Ausgangspunkt für Wanderungen. Gedenkstein für das aufgegebene Dorf rechts der Zufahrtstraße am Ufer des Edersees.

Bromskirchen

Kirche: ursprünglich romanische Pfeilerbasilika (12. Jh.), mehrfach umgebaut und erweitert, farbenreicher Innenraum; ehem. **Rathaus:** reich verzierter Fachwerkbau von 1619 mit reichem Schnitzwerk.

Altes Rathaus Bromskirchen

5 km westlich **Neuludwigsdorf.** (Wandergebiet) **Naturschutzgebiete:** „Nitzelbachtal“ und „Tal Linspher Bach“, „Elbringhäuser Grund“.

Bruchhausen

(Hochsauerlandkreis)

Bruchhäuser Steine: vier massige Felsblöcke aus Quarzkeratophyr, ursprünglich eingebettet in Tonschiefer, der verwitterte. – Höhe 20 bis 87 m, teilweise besteigbar – im 6. Jh. v. Chr. Teil einer Wallburg – seltene Pflanzengemeinschaften – **Wasserburg** (nicht zu besichtigen).

Bruchhäuser Steine

Bühle

Bad Arolsen

Zu Bühle gehört **Schloss Höhnscheid** (an der B 251 zwischen Freienhagen und Ippinghausen): Honscette (1235), Gründung eines Augustinerfrauenstiftes durch den Abt von Corvey, seit 1529 im Besitz der Waldecker Grafen, Schloss zwischen 1720 und 1730 auf den Grundmauern des Klosters errichtet, heute verpachtet. **Gutshaus:** barocker Sandsteinbau in zweiflügeliger Anlage, im Garten vor Westfront Sonnenuhr.

Buhlen

Edertal

Buchlohe (850), am „Hundeköppel" zwei verschieden alte **Siedlungsplätze** aus der älteren Steinzeit, von denen der ältere sicher mehr als 70 000 Jahre, der jüngere 25 000 bis 30 000 Jahre alt ist. Beide Kulturen gehören in die Zeit der **Neandertaler**-Menschen und haben in ganz Hessen keine Parallelen.

Teile der Fundstücke (wollhaariges Nashorn, Wildpferd, Rentier, Bär) sind im → Museum Korbach ausgestellt.

Kirche: Saalkirche in Biedermeiercharakter. **Bauernhäuser – Großer Kump** an der Bundesstraße mit einem Durchmesser von 5 m.

Dalwigksthal

Lichtenfels

Erst 1852 durch Vereinigung mehrerer Güter gegründet. **Burg Lichtenfels** wurde von Abt Widukind von Corvey als Schutz für den reichen Besitz des Klosters in dieser Gegend erbaut, 1297 kam es in den Besitz der Grafen von Waldeck, später wurde es Eigentum der Freiherren von Dalwigk, heute Privatbesitz. 1555 wurde im Tal die **Wasserburg Sand** erbaut, die 1744 zerstört, danach neu aufgebaut wurde. **Kirche:** früher Begräbnisstätte der Adelsfamilie mit Gruft, bunter Innenraum. Vier spätgotische Tafelbilder sind Teile des Seitenflügels eines Klappaltars, deren Mittelteil verloren gegangen ist.

Diemeltalsperre

Mittelpunkt des Naturparks Diemelsee, Teile in Hessen und Nordrhein-Westfalen, 378 m über NN, Bootsverleihe, Strandbäder, Angeln, Motorbootrundfahrten, Segeln und Windsurfing, Jugendzeltplatz, Liegewiesen, Spielplätze.

Talsperre: 1920 – 1924 zur Verminderung der Hochwassergefahr und zum Ausgleich des Wasserstandes in Weser und Mittellandkanal gebaut, Material entstammt dem

Blick vom Eisenberg auf Diemeltalperre und Uplandberge

Überlaufende Diemeltalsperre

Steinbruch oberhalb der Talsperre, Höhe der Staumauer 42 m, Länge 220 m, Kronenbreite 7 m, größte Stauhöhe 33,7 m, Inhalt des Diemelsees 22 Millionen m^3, Wasserfläche bei Vollstau 166 ha.

Ittereinlauf (im Westen des Stausees): Naturschutzgebiet, Rast- und Brutplatz für Wasservögel, durch Bojen gekennzeichnet.

Fachwerkwinkel in Dodenau

Dodenau

Battenberg (Eder)

Luftkurort, beh. **Freibad, Wildfreigehege** (Rot-, Dam-, Schwarz- und Muffelwild), Langlaufloipen, Naturschutzgebiet Ederauen, geol. Aufschluss an der Straße Richtung Elsoff. – Gut erhaltene Fachwerkhäuser (Pfarrhaus). – **Naturschutzgebiet** „Riedgraben“ (n. – nw. d. Ortes).

Dodenhausen

Haina (Kloster)

2,5 km in östlicher Richtung **Aussichtsturm** auf dem „Wüstegarten“ (675 m ü. NN), höchste Erhebung des Kellerwaldes, Reste eines ovalen Steinwalles mit einer max. Ausdehnung von 250 m, vermutlich aus vorgeschichtlicher Zeit. – Beginn/ Ende des **„Tischbein-Wanderweges“.**

Dorfitter

Vöhl

Kirche: spätgotische Altartafel, Kruzifix (14. Jh.), am Bach Richtung Nieder-Ense früher Goldwäsche.

Ederbringhausen

Vöhl

Fachwerkkirche 1975 abgerissen und im Hessenpark wieder aufgebaut – Ruine Keseburg, nördl. des Keseberges gelegen, 1144 erwähnt, 1277 von Landgraf Heinrich I. von Hessen zerstört, spärliche Reste erhalten. – **Burg Hessenstein** (1328), nach Zerstörung der Burg Keseberg in einem Abstand von 1 km erbaut, heute **Jugendherberge.**

Überlaufende Talsperre

Edertalsperre

Am 1. Mai 1905 bewilligte der preußische Landtag die Baukosten, Bauarbeiten von 1909 bis 1914; drei Dörfer gingen in den Fluten des Edersees unter (Asel, Berich, Bringhausen); die Bewohner wurden an anderer Stelle angesiedelt. Bei sehr niedrigem Wasserstand sind Ruinen und Friedhöfe zu sehen.

Die auf Felsen gebaute Sperrmauer hat ein Mauerwerk von 300 000 m^3, Sohlenlänge rund 200 m, Fahrdamm 400 m, Sohlenbreite 36 m, Kronenbreite 5 m, Höhe 47 m; der Hochwasserüberlauf eine lichte Länge von 152,50 m; die Talsperre hat 12 Notauslässe und sechs eiserne Grundablassrohre; in der Nacht vom 16. auf den 17. Mai 1943 wurde durch eine etwa 3600 kg schwere „springende Bombe", deren Konstruktion bis 1965 geheimgehalten worden ist, ein Loch von rund 60 m Breite und 22 m Tiefe gerissen; die Ausmaße sind an der Farbe des Mauerwerkes der obersten Notauslässe erkennbar (unterschiedliche Färbung des Gesteins an den Bögen).

Der Edersee hat eine Länge von 27 km und etwa 69 km Uferlänge, er ist maximal 1 km breit und 42 m tief, der Inhalt beträgt 202,4 Millionen m^3 bei Vollstau, seine Wasserfläche 12 km^2.

Die 47 m hohe Schwergewichtsstaumauer der Talsperre wurde in den Jahren 1991 – 94 mit Millionen-

Wiederaufbau der Edertalsperre 1943

aufwand grundlegend saniert. Sie ist heute durch 104 Stahlanker von 71 m Länge mit dem felsigen Untergrund fest verbunden und gesichert.

Gründe für den Bau der Talsperre waren, die Weser und den Mittellandkanal auch in trockenen Jahreszeiten schiffbar zu halten und die Hochwassergefahren am Unterlauf der Eder und an der Fulda zu mindern. Die Stromerzeugung ist nur ein Nebenprodukt. Seit dem Bau der Talsperre haben sich ihre Funktionen erheblich gewandelt. Der Edersee und seine Umgebung haben einen sehr hohen Erholungswert. Es bestehen mannigfache Möglichkeiten der **Freizeitbeschäftigung:** Angeln, Segeln (Segelschulen), Wasserski (-schule), Windsurfing, Baden, Bootsverleihe – **Rundfahrten** mit Fahrgastschiffen (acht Anlegestellen).

Ehringen

Volkmarsen

Um 1018 zuerst genannt, ehem. **Gerichtsstätte** im Westen des Ortes am Verbindungsweg nach Lütersheim. Überwachsene Reste der einstigen Stadt Landsberg (13. Jh.) westlich des Ortes.

Eppe

Korbach

Herkunftsort der 1727 ausgestorbenen Adelsfamilie von Eppe, 1334 bis 1663 zur Freigrafschaft Düdinghausen (Westfalen) gehörig; 1624 wird der katholische Gottesdienst vom Erzbistum Köln wieder eingeführt, 1663 fällt der Ort an Waldeck zurück. – In der evangelischen **Kirche** befinden sich zwei wertvolle Apostelfiguren (Ende 15. Jh.) – Einige Bauernhäuser aus dem 17./18. Jh. sind noch erhalten.

Flechtdorf

Diemelsee

Bereits 830 urkundlich erwähnt, 1101 Benediktinerkloster, 1702 Einrichtung eines Landeshospitals durch Graf Christian Ludwig von Waldeck, wird heute als Altenheim geführt.

Kirche: einzige zweitürmige Kirche in der Region, im 12. Jh. als gewölbte Pfeilerbasilika errichtet und im 13. Jh. zur Hallenkirche ausgebaut, nach Brand 1639 Wiederaufbau mit barockem Abschluss am Langhaus und Satteldach, südliches Seitenschiff Übergangsstil. Die Säulen und Konsolen der Kirche weisen eine vorzügliche Bauornamentik auf. An der Südwand des westlichen Querschiffes befindet sich ein Flachrelief, das einen Dra-

Informationszentrum „Kellerwalduhr“ am Rande des Feriendorfes Frankenau

chen zeigt. Vierjährige Renovierungsarbeiten wurden 1972 abgeschlossen. Gotisches Chorgestühl aus dem ehemaligen Kloster → Volkhardinghausen, alte Kanzel in einem Seitenschiff, Taufstein wahrscheinlich aus 1513, Orgel, freigelegte Ausmalungsreste (spätgotische Linien- und Rankenornamente) – (Schlüssel zur Kirche beim Pfarrer oder im Altenheim).

Frankenau

Der Sage nach bereits 753 von König Pipin gegründet. – **Feriendorf** mit umfassender Freizeitinfrastruktur, **naturkundliches Informationszentrum „Kellerwalduhr“ –** Öffnungszeiten: Dienstag und Donnerstag 10 bis 13 Uhr, Samstag 14 bis 17 Uhr, Sonntag 13 bis 17 Uhr. – **Waldhistorischer Lehrpfad – Naturschutzgebiet** „Lengelbachtal“.

Frankenberg (Eder)

Wahrscheinlich befestigter Platz aus der Zeit der Kriege von Franken gegen Sachsen. Burg und Stadt wurden 1233 – 34 von den Landgrafen von Thüringen gegen die Mainzer Erzbischöfe und die Vögte von Keseburg (→ Ederbringhausen)

Plastik des Tyle von Frankenberg in der Liebfrauenkirche: Jesus betet im Garten Gethsemane

Obermarkt Frankenberg mit zehntürmigem Rathaus und Liebfrauenkirche

nach einheitlichem Plan angelegt. Trotz großer Brände und Kriegswirren blieb das Stadtbild mit seinem rechteckigen **Ober- und Untermarkt** und den malerischen Fachwerkhäusern weitestgehend erhalten. 1240 als Stadt bezeichnet, 1376 zündeten Bürger aus Protest gegen die Landesherren die Burg an; sie wurde nie wieder aufgebaut. – vom Burgberg schöne Aussicht auf Stadt und Edertal. Hexenturm (13. Jh.), einziger von ursprünglich zwanzig Wehrtürmen.

Kreisheimatmuseum

Die gesamte Altstadt wird überragt von der gotischen **Liebfrauenkirche**, die ihr Vorbild in der Elisabethkirche zu Marburg hat. 1286 wurde der Grundstein gelegt. Fast 100 Jahre zog sich der Bau mit der zugehörigen **Marienkapelle** hin. Das Innere der dreischiffigen Hallenkirche besticht durch seine Schlichtheit. Im Chorraum sind noch Reste gotischer Glasmalereien zu sehen und ein sorgfältig gearbeiteter Wandtabernakel sowie einige Steinplastiken. 1606 erlitt die Kirche infolge von Kirchenreformen des Landgrafen von Hessen-Kassel unersetzliche Verluste. Statuen, Kruzifixe und Heiligenbilder wurden entfernt und größtenteils vernichtet. Deckenmalereien (um 1480), 1962 freigelegt – **Steinhaus** mit seinen Treppengiebeln aus der Zeit der Stadtgründung.

Handwerkliche Kunstwerke
im Museum Thonet

Rathausschirn

Im ehemaligen **Kloster St. Georgenberg** sind heute die Kreisverwaltung und das Kreisheimatmuseum untergebracht. Das Kloster wurde 1242 durch Konrad von Itter bei Sachsenberg für Zisterzienserinnen gegründet und 1249 vor die Tore Frankenbergs verlegt. Das **Museum** zeigt Kleinode heimischer Kunst: Balkenköpfe, Totenschilde und Ofenplatten von Philipp Soldan aus dem 16. Jh., Heiligenfiguren des Tyle von Frankenberg, aber auch vorgeschichtliche Funde und profane Gegenstände des ländlichen Lebens. Öffnungszeiten: Dienstag und Donnerstag 10 bis 12 Uhr, Mittwoch und Sonntag 15 bis 17 Uhr, Tel. (0 64 51) 74 36 72 oder 15 15. **Museum Thonet:** Es beherbergt international einmalige Möbelstücke vom Wiener Kaffeehausstuhl bis zum Schaukelstuhl und zeigt die handwerkliche und technische Verarbeitung von Holz – Öffnungszeiten: Montag 10 – 12 Uhr und 14 bis 17 Uhr, Mittwoch und Freitag 14 bis 17 Uhr. Tel. (0 64 51) 50 8-0

Zwischen Ober- und Untermarkt mit ihrer gut erhaltenen historischen Bausubstanz erhebt sich der imposante **Fachwerkbau des Rathauses** mit seinen zehn Türmchen. Ursprünglich dreigeschossig erbaut, wurde es nach einem Brand im

Jahre 1509 zweigeschossig erneuert. Prächtig geschnitzte Konsolengruppen schmücken die Balken. In einer großen Halle im Erdgeschoss findet heute der **Wochenmarkt** statt, auf dem heimische Spezialitäten angeboten werden. – **Wildpark** (Reh-, Dam-, Schwarzwild, Streichelzoo), **Frei- und Hallenbad,** kostenlose **Stadtführungen** von April bis Oktober samstags, 10.30 Uhr.

Frebershausen

Bad Wildungen

1751 gibt es ein Bleibergwerk, 1755 ein Kupferbergwerk am „Steinkoppel". **Kirche:** Chor vermutlich ursprünglich selbständige Wallfahrtskapelle, Anbau des Schiffes gegen Mitte des 15. Jh., Wandmalereien in Schiff und Chor, an der Nordseite des Chores das „Jüngste Gericht", an der Südseite drei Apostel u. a. – **Quernstkirche** (nordwestl. des Ortes): Ruine, früher Wallfahrtsort, Pfarrkirche des einstigen Dorfes Quernsthorst, auch unter dem Namen „Thomaskirche" bekannt. – Töpferei

Frebershausen – unmittelbar am Waldschutzgebiet Edersee gelegen

Freienhagen

Waldeck

Spuren vorgeschichtlicher Befestigungen, „Hünenburg", im 13. Jh. zum ersten Mal als Stadt erwähnt, im 14. Jh. war die Stadt mit Mauern, Türmen und Toren befestigt, Freistuhl und Bürgergericht bestanden. **Kirche:** gotische Anlage, erbaut in der 2. Hälfte des 13. Jh., später teilweise restauriert. – Sehenswerte **Fachwerkhäuser** mit Balkeninschriften. – **Beheiztes Freibad.** – Historisches **Schützenfest** alle vier Jahre.

Fritzlar

Schwalm-Eder-Kreis

731/32 Bau der ersten Steinkirche im damaligen Hessen, um 1100 größerer Neubau, 1180 – 1200 Umbau zur heutigen Form. Im **St.-Petri-Dom** fanden im Mittelalter bedeutende Kirchenversammlungen statt, Könige und Kaiser besuchten die

Stadt. Die Kirche beherbergt auch das **Dommuseum** mit wertvollen sakralen Kunstschätzen. – Gut erhaltenes mittelalterliches **Stadtbild mit Befestigungsanlagen,** gotisches Steinhaus (14. Jh.), Hochzeitshaus (16. Jh.), Rathaus in gotischem Stil (1441), **Museum** (ur- und frühgeschichtliche Sammlungen) – **Stadtführungen** und Informationen: Tel. (0 56 22) 9 88-6 43.

Fürstenberg

Lichtenfels

Vermutlich befand sich an der Stelle der im 13. Jh. gegründeten Stadt eine Sachsenburg. Die ehemals kleinste Stadt Deutschlands ist vermutlich hervorgegangen aus dem 1240 erwähnten östlich gelegenen Pfarrdorf Fürstenhagen oder Fürstenkirchen; nach dem 30-jährigen Krieg waren nur noch drei Häuser bewohnt; Befestigungsanlagen der Stadt bis auf geringe Reste verschwunden. – Schlösschen Reckenberg im Heimbachtal (Privatbesitz) – Von der **Kirche** (13. Jh.) ist der romanische Chor erhalten. Vor dem alten **Pfarrhaus** befindet sich ein seltenes Naturdenkmal, ein etwa 160 Jahre alter Buchsbaum. **Igelfest** (jeweils am letzten Montag vor Pfingsten) → „Geschichte und Geschichten“.

Fürstenberg

Altes Pfarrhaus in Gemünden an der Gasse zur Burg

Gemünden (Wohra)

770 – 79 zuerst erwähnt, im 13. Jh. durch die Grafen von Ziegenhain zur Stadt erhoben. – **Kirche:** Vom ursprünglichen Bau (1431) ist nur der Westturm erhalten, 1803 – 1806 Erneuerung des Kirchenschiffes, prachtvoller siebenteiliger Orgelprospekt des späten Rokoko, silbervergoldeter Kelch (um 1500), 1853 in einem Baum gefunden. – Ummauerte fränkische **Hofanlage** mit stattlichem Herrenhaus, **Fachwerkrathaus** (1823/24) mit Gefängnisgewölbe aus 1546. – Weitere sehenswerte **Fachwerkhäuser** und romantische Winkel, geringe Reste der früheren Stadtbefestigungen mit „Hexenturm". – Ausgeschilderter **„Kulturhistorischer Rundgang"** mit Erläuterungen zu Geschichte und Baudenkmalen. – Ausgangspunkt für Wanderungen im Burgwald (→ Wandervorschläge).

Alte Fichte im „Paradies"

Gellershausen

Edertal

Um 1765 Bleibergwerk, das jedoch schon 1770 stillgelegt wurde. **Kirche:** romanischer Ostchor, langgestrecktes gotisches Schiff in barocker Umgestaltung. – **Paradies:** Urwald östlich von Gellershausen, nördlich des „Goldbachkopfes", Naturschutzgebiet!

Giflitz

Edertal

Juffelze (um 800), Siedlungsplatz der Urnenfelderzeit bei der Obermühle. **Kirche:** Frühbarock, Reste eines Schnitzaltars, vermutlich zweite Hälfte des 15. Jh. – **Bauernhäuser – Schrumbachsrain** (am Ortsrand in Richtung Kleinern rechts): Aufschluss von Tonschiefer der Mitteldevonzeit (380 Millionen Jahre), zahlreiche Versteinerungen, **Naturschutzgebiet Ederauen:** Schutzgebiete für Wasservögel und Amphibien mit Beobachtungsstand.

Goddelsheim

Lichtenfels

Godeloveshem (888), 1935 durchgeführte Ausgrabungen lassen schon vorgeschichtliche Besiedelung erkennen. Später altes Königsgut mit fränkischem Reihengräber-Friedhof, seit etwa 888 zu Corvey gehörig. Die Pfarrkirche wurde 1189 als Basilika erbaut, Gründung eines Benediktinerinnenklosters welches jedoch wenig später nach → Schaaken verlegt wurde. Nördlich der Kirche schließen sich die Ruinen eines Burggutes (14. Jh.) an. Bis zum 18. Jh. wurde in Goddelsheim Kupfer- und Silberbergbau betrieben. Nur knapp 3 km

Ruine der Klosterkirche Schaaken

westlich von Goddelsheim befindet sich im Aartal eine große **Fischzuchtanstalt.** Lebendfrische und geräucherte Forellen, Angelteich. – Im Aartal konnten einige der wenigen Brutplätze des sehr selten gewordenen **Eisvogels** erhalten werden, auf die bei Wanderungen unbedingt Rücksicht genommen werden sollte. Westlich der Fischzuchtanstalt karolingische Straßenfestung, so genannter **Burgring,** geringe Teile rekonstruiert.

Schaaken: 1493 bevollmächtigt Abt Hermann von Corvey den Grafen von Waldeck, das Kloster Schaaken zu reformieren und mit geistlichen Jungfrauen zu besetzen, 1557 Einführung der Reformation gegen den Willen des Abtes von Corvey, um 1600 Umwandlung des Klosters in ein freiweltliches Jungfrauenstift für den Adel und den vornehmen Bürgerstand, heute Eigentum der Waldeckischen Landesstiftung.

Kirche: 1518 mit allen Klostergebäuden abgebrannt, Wiederaufbau in geänderter Form, diente als Scheune der Meierei und brannte 1913 nach Blitzschlag völlig aus (Einsturz der Gewölbe), seitdem Ruine. – Gut erhaltenes altes **Meierei-Wohnhaus** aus 1733.

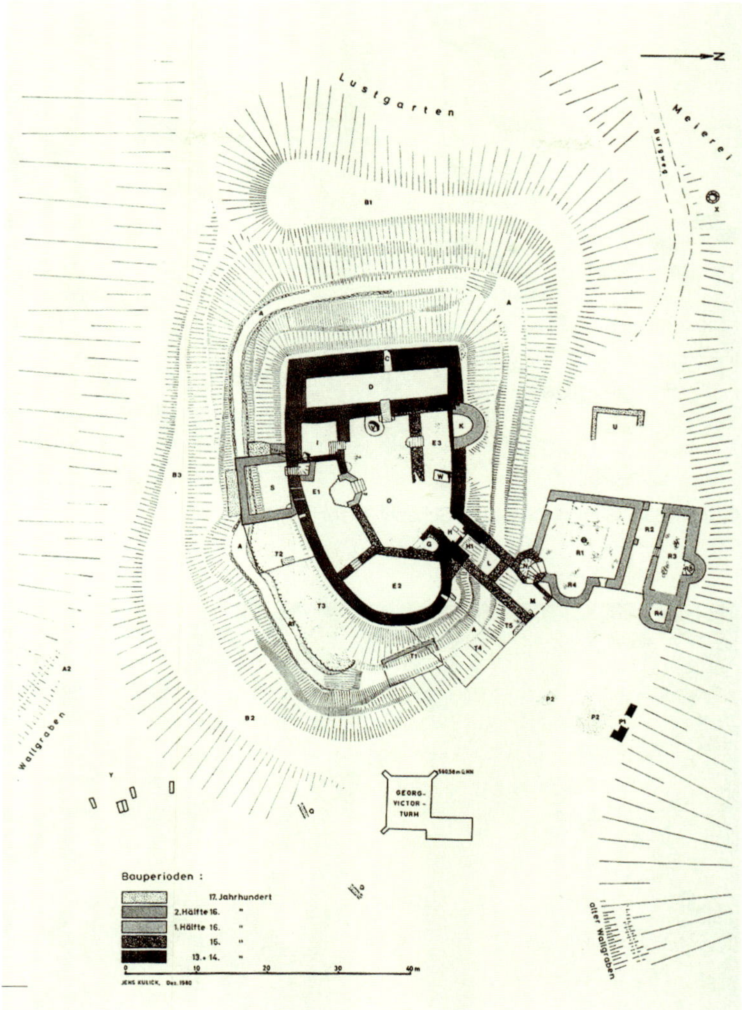

Grundriss von Burg und Schloss Eisenberg nach den Ergebnissen der Ausgrabungen, Stand 1980. Im Osten, am unteren Rand des Planes, sind die Ansätze des Ringwalles um die Bergkuppe eingezeichnet.

Goldkristalle (8 mm), St.-Georg-Schacht, Eisenberg

Allophan, kupferhaltiges Aluminiumsilikat aus dem ehemaligen Goldbergwerk Eisenberg

Goldhausen

Korbach

Um 1426 als Siedlung der Bergarbeiter im Eisenberg entstanden.

Eisenberg: am Nordhang Reste einer starken Abschnittsburg erkennbar, vielleicht des 1254 erwähnten waldeckischen „Castrum Goldenberg"; volkstümlicher Name „Königsstuhl" (eines Freigerichtes?) mag auf ursprünglich königlichen Besitz hindeuten; 1367 wird erstmals eine Burg genannt, 1621 Zerstörung durch die Landgrafen von Hessen, 1640 Wiederherstellung, 1649 Brand, 1662 erneute Wiederherstellung für 1051 Reichstaler, nach 1664 nicht mehr bewohnt, 1719 stand das **Schloss** noch, 1729 war es verfallen; die Ruine wurde als Steinbruch benutzt. Teile der Grundmauern wurden freigelegt und restauriert. **Keramikfunde** und Darstellung des **Goldbergbaues** im → Museum Korbach.

Bergbau: Goldbergwerk 1250 von Albertus Magnus zuerst genannt, 1426 fünf Gruben, 1548 Verhandlungen mit den Fuggern zu Augsburg wegen der Ausbeute, im 30-jährigen Krieg Stilllegung des Bergwerkes, in neuerer Zeit wieder Untersuchungen der Abbauwürdigkeit der Goldvorkommen und anderer Buntmetalle. Auf der Kuppe des Eisenbergs Freilegung eines **Bergwerkschachtes** und Aufbau historischer **Schachthütten** nach mittelalterlichem Vorbild.

Goldlehrpfad „Goldspur Eisenberg" mit Informationen zum Bergbau in Deutschlands größter Goldlagerstätte.

Georg-Viktor-Turm: auf der Kuppe des Eisenberges im Jahre 1905 zur Erinnerung an den vorletzten regierenden waldeckischen Fürsten mit Spenden der Bevölkerung erbaut. Weite Aussicht auf Sauerland, Korbach, Habichtswald und Ederbergland.

Haina (Kloster)

Ehem. Zisterzienserkloster, gegründet um 1196, 1533 in ein Hospital umgewandelt (älteste Stiftung dieser Art auf deutschem Boden), Klostergebäude (13. – 15. Jh.) – **Kirche:** um 1216 begonnen, angeblich 1328 vollendet. Die Kirche beeindruckt durch ihre Größe (78 x 40 m). Sie zählt zu den bedeutendsten frühgotischen Baudenkmalen in Deutschland. Turm aus dem 19. Jh, Ausmalung 1917/38 freigelegt, umfangreiche Reste von Glasmalereien, lebensgroßes Kruzifix (Anf. 16. Jh.), Chorgestühl mit wertvollem Schnitzwerk, mehrere Grabdenkmale, Philippsstein. – **Klostergebäude:** Kreuzgang ursprünglich flach gedeckt, ehem. Kapitelsaal (13. Jh.), Winterrefekto-

Tischbeinwanderweg

rium mit Altargemälde (1788) von Joh. Heinrich Tischbein. **Führungen** in Kirche und Klostergebäuden jeweils sonntags nach dem Gottesdienst, der um 10 Uhr beginnt, und um 15 Uhr (Tel. 0 64 56/3 45). **Tischbeinhaus:** ehemals Wohnhaus, heute Museum zur Erinnerung an die berühmte Hainaer Malerdynastie. Öffnungszeiten: Dienstag bis Sonntag 11 bis 17 Uhr. **Tischbeinwanderweg – Parkanlage** „Stamford'scher Garten" mit Rundwanderweg (s. Karte) – **Klosterkonzerte – Psychiatriemuseum** (geöffnet Dienstag bis Donnerstag von 9 bis 16, Samstag/Sonntag 14 bis 17 Uhr).

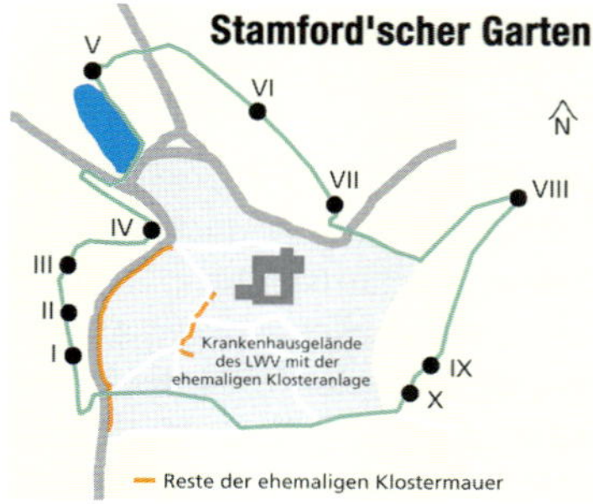

Hallenberg

Hochsauerlandkreis

In der Region bekannt durch seine **Freilichtbühne – Aussichtstürme** in der Umgebung – Informationen: Tel. (0 29 84) 82 03

Hatzfeld (Eder)

Reste einer Burg aus dem 13. Jh. – **Emmauskapelle:** spätromanische dreischiffige Pfeilerbasilika mit heute flach abgedecktem Westturm, Seitenschiffe im 17. Jh. abgebrochen, um 1975 neu errichtet. – Reich

Emmauskapelle in Hatzfeld

Eder bei Reddighausen

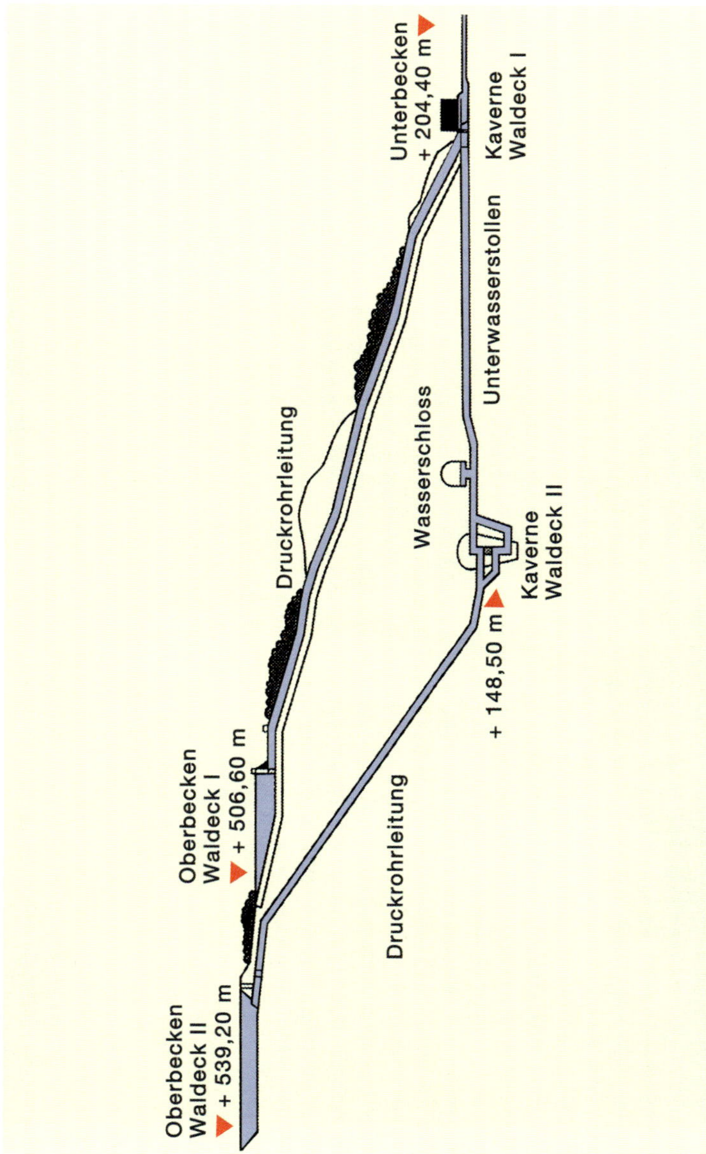

Schematische Darstellung der Pumpspeicherwerke Waldeck I und II

Standseilbahn zum Peterskopf mit Affolderner See

verzierte **Barockorgel** (1706) mit singenden Engeln und Harfe spielenden Königen – **Museum** in „Ammes" Haus: Ausstellung über das bäuerliche Leben im 19./20. Jh. und das Hebammenwesen, das dem Haus den Namen gab. – Öffnungszeiten: von April bis Oktober an jedem 2. Sonntag von 14 bis 17 Uhr.

Helsen

Bad Arolsen

Heliso (um 860), 1504 verwüstet und von Antonitern neu besiedelt. – **Kirche:** 17. Jh., typisches Beispiel „barocker Gotik". Einige **Bauernhäuser** mit Balkeninschriften (hinter der Kirche) – **Heimatstube.**

Hemfurth-Edersee

Edertal

Luftkurort. **Pumpspeicherwerk Waldeck II:** Pumpspeicherwerk Waldeck I mit 140 MW Leistung 1929/32 erbaut, Leistung von Waldeck II 440 MW; das ist der Strombedarf der Stadt Frankfurt, Inhalt des Unterbeckens 5,4 Millionen m^3, des Oberbeckens 4,3 Millionen m^3, Höhenunterschied von der Talsohle zum Oberbecken 335 m, Rohrleitungen vom Unterbecken zum Oberbecken unterirdisch verlegt, eigentliches Kraftwerk in einer **Kaverne im Berg** mit Ausmaßen von 106 m Länge, 54 m Höhe und 33 m

Kaverne

Breite (größte künstliche Felshöhle der Welt!), Zugang zur Kaverne durch einen 700 m langen Zufahrtsstollen; die Pumpen, die das Wasser vom Tal auf den Berg befördern, haben eine Leistung von je 300 000 PS, die Rohrleitungen haben einen Durchmesser von maximal 7,50 m, die Kosten beliefen sich auf 450 Millionen Mark. **Informationszentrum** – Öffnungszeiten und Besichtigungen: Dienstag bis Sonntag – Tel. (0 56 23) 94 83 90. Das Oberbecken kann mit einer **Standseilbahn** (54 Personen) erreicht werden, die während der Sommermonate außer montags ständig verkehrt. Westlich von Hemfurth, an der Einmündung des **Rehbaches** in den Edersee, Sied-

Wolf

lungsplatz aus der Mittelsteinzeit, heute beliebtes Badegebiet (flacher Sandstrand).
Wildpark mit **Greifvogelwarte** (Flugvorführungen): westlich des Ortsteils Edersee im „Bericher Holz" mit Vogellehrpfad und Kinderspielplatz. Schwarzwild, Dam-, Muffel- und Rotwild, Steinböcke, Luchs, Wolf, Wisent, Uhu, Streichelzoo, Birk- und Auerwild. Öffnungszeiten: in den Sommermonaten 9 bis 18 Uhr, in den Wintermonaten 11 bis 16 Uhr.

Naturkundliches Informationszentrum am Wildpark – **Aquapark:** Spiel- und Erlebniszonen für Kinder mit und im Wasser, Nachbildung des Edersees.

Heringhausen

Diemelsee

Von Karl dem Großen als Grenzposten gegen die Sachsen gegründet, einziger Ort unmittelbar am Diemelsee, Luftkurort. **Kirche:** dreischiffige romanische Basilika mit wuchtigem Westturm (Anfang 12. Jh.), sehenswerte Innenausstattung, Kirche ist der hl. Barbara geweiht, nördliches Seitenschiff 1922 erneuert, Linde an der Westseite Naturdenkmal. – Strandbad, kl. **Hallenbad** mit Außenbecken und Kinderbadelandschaft, Jugendzeltplatz, Miniaturbauten des Waldecker Landes.

Kinderparadies Aquapark an der Talsperre

Herzhausen an der Stauwurzel der Edertalsperre

Herzhausen

Vöhl

An der Stauwurzel des Edersees gelegen. – **Naturschutzgebiet:** seltene Pflanzenbestände, Laichgebiet für Hecht und Zander, Brutgebiet des Haubentauchers – **Ruine Ehrenburg** zwischen Herzhausen und Vöhl innerhalb einer 140 m langen und 60 m breiten frühgeschichtlichen, sichelförmigen Wallanlage, Geschichte nicht geklärt! – Freizeitpark – **Badesee**, Jugendzeltplatz.

Haubentaucher

Hesperinghausen

Diemelstadt

Buchenberg und **Platzberg** (rechts der Straße nach Westheim): Halbtrockenrasen, von Felsen durchsetzt, an diesen Grünstieliger Streifenfarn (Relikt, sehr selten), Rupprechtsfarn, Orchideen, Naturschutzgebiet.

Hörle

Volkmarsen

Einige sehenswerte niedersächsische **Bauernhäuser. – Iberg** (südlich der Straße Hörle – Welda): Naturschutzgebiet, gut erhaltene Wacholderbestände mit einer Vielzahl verschiedener Orchideen, Schlüsselblumen, Enzian, Salbei und Seidelbast.

Hüddingen

Bad Wildungen

Kirche: malerisch auf einer Anhöhe gelegen, 1425 erstmalig genannt, romanische Anlage aus rechteckigem Schiff und fast quadratischem Chor, Wandmalerei 1953 aufgedeckt, auf der Ostwand die Jahreszahl 1513 in gotischen Kleinbuchstaben (Minuskeln). – Sehenswert einige **Bauernhäuser** und das **Pfarrhaus** mit Balkeninschriften. – **Dülfershof** (in Richtung Frankenau): idyllisch gelegener Bauernhof mit Käserei und Jausenstation.

Immighausen

Lichtenfels

Ymmichusen (um 850) – **Kirche:** mit hohem Westturm (12. Jh.), Chor etwa 1100, Kirche von Papst Honorius III. 1223 unter den Gütern des Klosters Schaaken genannt, 1926 Wiederherstellung mit Erweiterung der ursprünglichen drei Durchgänge zum Chor zu einem Triumphbogen. – Einige gut erhaltene **Fachwerk-Bauernhäuser** mit historischen Balkeninschriften aus dem 18. Jh.

Wesebachtal und Waldschutzgebiet mit Kleinern

Kleinern

Edertal

Luftkurort. **Kirche:** einheitliche barocke Anlage aus rechteckigem Schiff und quadratischem Westturm, **wertvoller Schnitzaltar,** altes Pfarrhaus und Fachwerkhäuser. – Kleinern war bereits 1283 Burgsitz, zunächst bewohnt von Vasallen der Waldecker Grafen, 1661 Umbau und Erweiterung des Schlosses, heute völlig verschwunden; das Schloss lag südlich des Dorfes im Talgrund an der Hauptstraße zwischen Mühlenweg und Heimbach. – In der Gemarkung befinden sich mehrere **Mineralbrunnen,** bekanntester ist die Bathildisquelle im Tal südlich des Ortes. – **Dorferkundungspfad** mit vielen Informationen über das Dorf.

Kohlgrund

Bad Arolsen

Ursprünglich zwei Orte, um 1500 mit der Eisenindustrie im Orpethal entstanden, im 17. Jh. besteht eine Pulvermühle, 1668 Besitz der Waldecker Grafen. – **Kirche:** frühere barocke Saalkirche in Fachwerkbauweise wurde abgerissen und andernorts in einem Freilichtmuseum wieder aufgebaut. – Gutshof Eilhausen: Heylcanhusen (um 880), 1500/15 verwüstet, von den Waldecker Grafen als Wasserschloss wieder aufgebaut, danach wiederholt Um- und Neubauten. Einebnung des Wassergrabens, die jetzigen Gebäude bestehen seit dem 18./19. Jh.

Korbach

Am Ostrand des Rheinischen Schiefergebirges auf einer Hochfläche, heute Kreisstadt des Landkreises Waldeck-Frankenberg und industrieller und verwaltungsmäßiger Mittelpunkt. Die Stadt war schon im Mittelalter Schnittpunkt bedeutender Handelsstraßen von Köln nach Leipzig und von Bremen nach Frankfurt – erste urkundliche Erwähnung 980, als Kaiser Otto II. seinen dortigen Besitz an das Kloster Corvey abtrat. Zu vermuten ist, dass hier schon vorher ein karolingischer Königshof bestand. 1188 Soester Stadtrecht. 1377 vereinigten sich Alt- und Neustadt. Auf der ehemaligen Grenze wurde ein neues Rathaus errichtet. Doppelter **Stadtmauerring,** der noch weitgehend erhalten ist. Von den ehemals fünf Doppeltoren ist nur noch das **Enser Tor** teilweise vorhanden. Als Symbol des Marktrechts und der eigenen Gerichtsbarkeit steht heute noch der **Roland** am Rathaus (früher am alten Marktplatz), zeitweise Zugehörigkeit zur westfälischen Hanse im 14./15. Jh. Von dieser Zeit der Blüte zeugen

Freilichtbühne Korbach mit Kilianskirche

Wasserspeier am Chor der Kilianskirche

auch die großen Kirchenbauten, alte **steinerne gotische Lagerhäuser** (Treppengiebelhäuser) und reich verzierte **Fachwerkhäuser**. Vor dem Altstädter Rathaus, heute „Gasthaus Zur Waage", steht noch der **Pranger,** auf dem im Mittelalter Diebe öffentlich zur Schau gestellt wurden.

Alte Friedhöfe: innerhalb des doppelten Mauerringes im Westen der Stadt: alte Grabdenkmale und seltener Baumbestand.

Kilianskirche: Bauzeit 1335 bis 1450, an der Südwestecke ehemalige „Marienkapelle", heute Gedenkstätte, Turm ursprünglich mit Spitzhelm, nach mehreren Bränden infolge Blitzschlags 1709 in der heutigen Form neu erbaut, Galerie am Turm über Wendeltreppe besteigbar; insgesamt gotische Anlage, in Traufhöhe figürliche Wasserspeier, die Ungeheuer, Fabeltiere u. a. darstellen, an der Ostseite des Chores ein Teufel, der ein nacktes Weib auf seinem Rücken davonschleppt, reich geschmücktes Figurenportal mit Maria und dem Kind am Mittelpfeiler, Türsturz mit vier Konsolfigürchen mit den Evangelistensymbolen (v. l. n. r.: Engel, Adler, Löwe, Stier), über der Tür Tympanon mit der Darstellung des Jüngsten Gerichts mit Christus auf dem Regenbogen, links unten Maria, rechts Johannes der Täufer, in den Nischen der Gewände rundum Apostel und Heilige; großer Flügelaltar, 1521 von einem Korbacher Franziskanermönch gemalt, etwa 12 m hohes Sakramentshäuschen aus 1525.

Nikolaikirche: Vor Errichtung der Kirche von 1450 bis 1460 (Turm bereits 1359) stand schon eine Kapelle, die 1346 zuerst genannt wird. Begräbnisstätte des Fürsten Georg Friedrich von Waldeck, des hervorragendsten Vertreters des waldeckischen Fürstenhauses, insbesondere wegen seiner politischen und militärischen Tätigkeit in brandenburgischen und niederländischen Diensten, vor allem in den

Korbach mit seinen gotischen Kirchen

Fußgängerzone

Inmitten romantischer Winkel und idyllischer Fachwerkbauten finden Sie die kleinen und großen Sehenswürdigkeiten der Altstadt.

Eine ausgedehnte Fußgängerzone mit ihren attraktiven Boutiquen, Kaufhäusern und Straßencafés steht für unbeschwerten Einkaufsspaß.

Das Museum Korbach zeigt herausragende Exponate zum historischen Goldbergbau und zur Fossilienfundstätte »Korbacher Spalte«. Lichtdurchflutete Hallen und alte Gewölbe laden zur Entdeckungsreise ein.

Schiefer mit Goldflitter

Befreiungskämpfen der Niederländer gegen Ludwig XIV. von Frankreich. Das Grabmal aus Alabaster, Kalkstein und heimischem Marmor schuf der in Giershagen, nahe Adorf, geborene Bildhauer Heinrich Papen. (*Näheres über die Kirchen ist einer Broschüre zu entnehmen, die im Buchhandel und bei der Tourist-Information Korbach zu erhalten ist.*)

Ehem. Franziskanerkloster (in der Klosterstraße): gegründet am 9. 7. 1487, 1566 Vertreibung der letzten Mönche, 7. 5. 1579 Eröffnung eines durch die Grafen von Waldeck gegründeten Gymnasiums; das Monogramm über dem Eingang weist auf Fürst Friedrich hin.

St.-Marien-Kirche (in der Sachsenberger Landstraße): an der Südwand des Mittelschiffes in Bleiverglasung dargestellt der Lobgesang der Drei Jünglinge; Madonna niederrheinischen Ursprungs, Tabernakel in Bronze mit Elfenbeinschnitzereien.

St.-Josef-Kirche (am Eidinghäuser Weg im Osten der Stadt): Erbaut 1965/66 in Zeltform, künstlerische Ausgestaltung von dem Bildhauer Suberg aus Olsberg-Elleringhausen. – Bronzeportal, linke Außentür: Propheten, Verkündigung, Mutter Gottes, Arche Noah – auf dem feststehenden Teil: Lebensbaum mit Affe (Darstellung des Teufels) – Mittelportal: Geburt Christi und Taufe, Hochzeit zu Kana, Sturm auf dem Meer, Brotvermehrung, Abendmahl, Kreuzigung – rechte Außentür: leeres Grab Christi, darunter zur Rechten Gottes thronend Christus und Posaunenengel. – Inneres der Kirche: Altar als Mittelpunkt der Gemeinde, darüber großes Kreuz in vielen dünnen Verstrebungen, die das vielfältige Leid der Menschen symbolisieren sollen, Christus als König, rechts der Tabernakel, der getragen wird von zwei Drachen. Vorderseite des T. mit Grundriss des Tempels in Jerusalem, auf den anderen drei Seiten symbolisieren geometrische Figuren die 12 Stämme Israels, der kleine Turm weist auf das himmlische Jerusalem hin. Links vom Altar das Ambo (anstelle einer Kanzel) als brennender Dornbusch, aus dem Gott Moses ansprach. – Schuhe auf den Stufen nach der Aussage der Heiligen Schrift: „Zieh deine Schuhe aus, der Ort, wo du stehst, ist heiliges Land!“ – Rechts Taufkapelle mit massivem Taufstein, hinter den Bankreihen der Kreuzweg mit den einzelnen Stationen des Leidensweges Christi bis zur Auferstehung. Mutter-Gottes-Statue mit Christus auf dem Schoß. – In der 2. Kapelle auf großer Schieferwand dargestellt neutestamentliche Josefsgeschichte, im Fenster das All.

Innenansicht St.-Josef-Kirche, Korbach

Museum (an der Kilianskirche): Neubau von 1997 verbindet auf einzigartige Weise moderne Architektur mit historischer Bausubstanz. Besonders sehenswert sind die Ausstellungen über den **Goldbergbau** und die **Korbacher Spalte.** Außerdem werden präsentiert: Geschichte der über 1000-jährigen Stadt, sakrale Kunst, altes Handwerk, Grabungsfunde der Burg Eisenberg. – **Sonderausstellungen** – Öffnungszeiten: ganzjährig Dienstag bis Sonntag von 11.00 bis 16.30 Uhr.

Korbacher Spalte: 250 Millionen Jahre alte Erdbebenspalte am Ortsausgang Richtung Frankenberg mit Fossilienfunden früherer Landwirbeltiere (Procynosuchus u. a.), die sonst nur aus Südafrika bekannt sind – **Führungen** durch Tourist-Information.

Es gibt noch vier der alten **Brunnenkümpe** die ihr Wasser vom Lindenborn bei Lengefeld erhielten. Sie waren ursprünglich aus Holz, aus Stein erst seit 1850/60, Wasserleitung bereits 1367.

Korbach ist heute ein bedeutsames **Einkaufszentrum. Freizeiteinrichtungen:** großzügiges, beheiztes Freibad, Hallenbad mit kleiner Erlebniszone. **Kostenlose Stadtführungen:** Dienstag 14.30 Uhr und Samstag 10.30 Uhr. Treffpunkt Rathaus.

Biotop über der „Korbacher Spalte“ vor 250 Mill. Jahren (Nachbildung, Museum Korbach)

Külte

Volkmarsen

Culete (um 1036), schon vorgeschichtlich besiedelt. **Kirche:** quadratischer Westturm mittelalterlichen Charakters, an der Südseite vorspringender Treppenturm, langgestrecktes Schiff. **Spätgotischer wertvoller Schnitzaltar.** – Sehenswerte **Bauernhäuser.**

Laisa

Battenberg (Eder)

778 anl. eines Kampfes zwischen Franken und Sachsen erstmals erwähnt, kleine gotische **Hallenkirche** (um 1610), Taufstein (1666), vor der Kirche alte Gerichtslinde – **Heimatmuseum** (geöffnet nach Vereinbarung – Tel. 06452/931830 oder 3029.) – **Rückersfest** alle sieben Jahre (→ Feste, Bräuche, Events).

Landau

Bad Arolsen

1366 Neubau der Burg, zweiter Burgsitz seit 1425 auf dem Hohenstein an der Südwestecke der Stadt, Stadtbefestigung um 1300 angelegt, heute größtenteils zerstört, früher zwei Doppeltore, schon 1537 besaß die Stadt eine „Was-

Flügelaltar (1521) der Meitersdorfer Werkstatt in Külte

serkunst“, ein Pumpwerk, das die Stadt mit Wasser versorgte. – Diese **Wasserkunst** wurde restauriert, ist voll funktionsfähig und zu besichtigen – Öffnungszeiten: Mai bis Oktober sonntags 10 bis 12 Uhr (Tel. 0 56 91 / 49 61).

Schloss: ursprünglicher Burgbau, 1549 Umbau zu modernem Schloss, völliger Umbau 1679 – 81, 1744 Einsturz des älteren Teils, 1756 Verbindungsflügel zwischen Treppenturm und Nordflügel, 1818 umfassende Wiederherstellung des Schlosses, heute Altenheim. **– Schlossgarten** „Therapiegarten“ zugänglich – **Torhaus:** erbaut 1563, erneuert 1595, an der östlichen Außenseite Wappenstein (Wappen von Waldeck und Lippe). – **Kirche:** frühgotischer Ostchor, gotische Hallenkirche mit breitem Mittelschiff und sehr schmalen Seitenschiffen, wuchtiger Turm mit drei Geschossen, eine Mariendoppelstatue wurde 1900 nach Münster verkauft. – **Bürgerhäuser**, vorherrschend niedersächsischer Haustyp. – **Historisches Schützenfest** (alle vier Jahre).

Lengefeld

Korbach

Lenkevelde (1036), in der Ortsmitte altes Burggut (ehem. Wasserburg). **Kirche:** romanisch, um 1200 er-

Torhaus in Landau

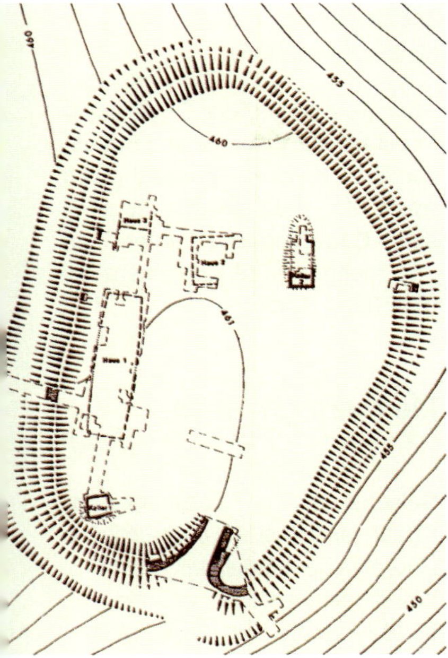

Grundriss des Ringwalls „Hünenkeller" bei Lengefeld

baut. – **Hünenkeller:** westlich des Ortes im Walde gelegene Wallanlage, Ausgrabungen im Jahre 1974, urspr. fränkischer Herrensitz aus dem 7./8. Jh., nach wie vor Unklarheit über genaue Funktion und Bewohner der Anlage.

Louisendorf

Frankenau

1688 von Hugenotten gegründet, **Fachwerkkirche** (1699 – 1702), schlichter Innenraum.

Lütersheim

Volkmarsen

Hollenkammer (nördlich Lütersheims am Südhang des Tentenberges): Höhlen in mächtigen Felswänden, der Sage nach Wohnsitz von Hollen (Zwergen). **Historisches Schützenfest** (alle zwei Jahre).

Marsberg

Hochsauerlandkreis

772 eroberte Karl der Große die Eresburg (heute Obermarsberg). Stiftskirche, Nikolaikapelle (13. Jh.), Schandpfahl und Reste der Stadtmauer zeugen hier von der großen Bedeutung dieser strategisch wichtigen Stadt, **Buddenturm** (Aussicht in das Diemeltal), jüdischer Friedhof – **Besucherbergwerk** Kilianstollen (ehemaliges Kupferbergwerk) mit Kleinbahn – Naturschutzgebiete am „Priesterberg" und „Jittenberg" (seltene Pflanzengemeinschaften), „Leitmarer Felsen" – **Stadtführungen** und Informationen: Tel. (0 29 92) 33 88.

Massenhausen

Bad Arolsen

Waldecker Spielzeugmuseum (Puppenstuben, Dampfmaschinen, Eisenbahnen und vieles mehr) – Öffnungszeiten: vom 15. April bis 15. Oktober sonntags von 14 bis 16 Uhr oder nach Anmeldung. Tel. (0 56 91) 66 83.

Puppenmöbel

Sturm auf die Burg – mit Zinnsoldaten

Medebach

Hochsauerlandkreis

1144 erste urkundliche Erwähnung, mehrfach durch Kriege und Brände zerstört – **Kloster Glindfeld** (3 km westl. M.), 1804 teilweise abgerissen – **Badelandschaft** unter Dach im Ferienpark – Informationen: Tel. (0 29 82) 4 00 48

Mengeringhausen

Bad Arolsen

Sehenswerte Fachwerkstadt (Stadt seit 1313). **Kirche:** gotische Hallenkirche, Flügelaltar von 1475, Wandmalereien; Mengeringhausen ist Geburtsort des Kirchenliederdichters Philipp Nicolai („Wie schön leuchtet der Morgenstern"). Besichtigung des Wohnhauses nach Vereinbarung beim Küster. **Burg:** einstige Wasserburg, heute Hotel. – Stadtbefestigungen: Reste auch der Türme teilweise erhalten. Bekannt durch das nur alle sieben Jahre stattfindende **Freischießen,** das Fest im Waldecker Land, bei dem sich Traditionen über Jahrhunderte hinweg erhalten haben und gepflegt werden. – **Museum und Seilerei:** Museum untergebracht in einem imposanten diemelsächsischen Ackerbürgerhaus, Ausstellungen zum Handwerk, alte Exponate aus der Apotheke, Druckerwerkstatt,

Seilerei

Destillation von Schnäpsen, alte Zahnarztpraxis – Kräutergarten – Öffnungszeiten jeden 2. u. 4. Sonntag im Monat von 13.00 bis 17.00 Uhr (Mai bis Okt.) oder nach Vereinbarung (Tel. 0 56 91 / 22 54 und 48 29). **Flugplatz:** Sonderlandeplatz mit Gelegenheit zu Rundflügen (Tel. 0 56 91 / 25 17 und 29 23) – **Freibad.**

Mohnhausen

Haina (Kloster)

Kirche: Besonderheit, 1911 erbaut, Spätform hessischen Fachwerk-Kirchenbaus, ergänzt durch Elemente des Jugendstils, Schnitzarbeiten außen, Inneres fast gänzlich mit Holz ausgekleidet.

Museum Mengeringhausen

Abenddämmerung am Diemelsee

Natur- und Geopark Diemelsee

Gegründet 1965 auf Initiative privater Grundbesitzer. Das Gebiet umfasst Teile Hessens und Nordrhein-Westfalens zwischen Brilon, Korbach und Marsberg. Im Laufe der Jahre wurden viele naturverträgliche Einrichtungen zur Erschließung dieser vorbildlichen Erholungslandschaft geschaffen.

Der Naturpark Diemelsee war bei seiner Gründung der 33. von heute über 100 deutschen Naturparks. Im Westen schließt der Naturpark Rothaargebirge unmittelbar an.

Herausragende **Ausflugsziele** und **Wandergebiete** sind die engere Umgebung der Diemeltalsperre, der Eisenberg bei Korbach, das Naturschutzgebiet Strycktal und die Hochheiden um Usseln und Willingen, die besonders während der Blütezeit im August durch Ihre Farbenpracht faszinieren.

Im Naturpark Diemelsee kommen Winter- und Wassersportler auf ihre Kosten. Dies und die historisch interessanten Städte → Brilon, Korbach und Marsberg (Obermarsberg) zeichnen ihn gegenüber anderen Naturparks aus. Hinzu kommen die **Goldlagerstätte** Kor-

Wintererholung in gespurten Loipen

bacher Eisenberg (→ Goldhausen, Korbach) und drei **Besucherbergwerke** (Eisenerz, Kupfer, Schiefer).

(Wanderkarte „Edersee-Naturpark Diemelsee", 1:50 000, Hessisches Landesvermessungsamt)

Naumburg

(Landkreis Kassel)

Schon 1182 erwähnt, einst von Mauern umgeben, Reste der **Stadtbefestigungen** erhalten, stattliche **Fachwerkbauten** (nach 1684 entstanden) – **Burgruine Weidelsburg** bei Ippinghausen, vor 1200 erbaut, seit dem 16. Jh. Ruine, weite Aussicht über das Waldecker Land und das Nordhessische Bergland.

Netze

Waldeck

Schon 1227 Gründung des Zisterzienserinnenklosters Marienthal, das 1527 aufgelöst wurde. – **Kirche:** romanischer Westturm bestand schon vor der Klostergründung, 1230 entstehen der Nonnenchor und der Westbau, als zweischiffige Klosterkirche 1370/71 gebaut, Ostjoche aus dem 14./15. Jh.; die gräfliche **Begräbniskapelle** wurde im 13. Jh. erbaut, von 1270 bis 1677

Begräbniskapelle des waldeckischen Grafenhauses in der ehemaligen Klosterkirche in Netze wurden hier die Waldecker Grafen beigesetzt, 1385 – 1388 Erweiterung der Kapelle, Grabdenkmale von besonderem handwerklichen Rang; im Inneren der Kirche eine Reihe von Bauplastiken, bedeutendes Ausstattungsstück ist der gotische **Flügelaltar** (um 1370), der die Passion Christi darstellt. Die Grabkapelle wurde umgestaltet, die Grabplatten wurden restauriert. – In Netze einige sehenswerte **Fachwerkhäuser** mit Balkeninschriften aus dem 17./18. Jh.

Neu-Berich

Bad Arolsen

Erst 1912 nach Beginn des Baues der Edertalsperre gegründet; durch den Bau der Twistetalsperre verloren wiederum viele Bewohner ihre Ländereien. – **Kirche:** ehem. Klosterkirche von Berich (→ Edertalsperre), erbaut um 1300; 1912 – 14 abgebrochen und um zwei Joche verkürzt in Neu-Berich wieder errichtet, spätgotischer Schnitzaltar, frühgotisches Kruzifix und drei gotische Glasbilder im östlichen Chorfenster. **Wetter-Kapelle:** eine der ältesten christlichen Kultstätten in Nord-Waldeck, wenig ostwärts von Neu-Berich gelegen; sie ist der iroschottischen heiligen Brigida geweiht, stammt also noch im Ursprung aus vorbonifatianischer Zeit um 700.

Nieder-Ense

Korbach

Aenesi (um 1010) – **Kirche:** 1363 erstmals genannt, im Innern Wandgrab der Gräfin Anna von Waldeck, geb. von Viermünden, aus Alabaster und Sandstein aus 1594, Doppelwappen Waldeck und Nassau-Siegen mit Grafenkrone und Malteserkreuz betr. Georg Friedrich von Waldeck und Gemahlin (jetzt im Museum Korbach), im Fußboden eine Reihe von Inschriftgrabsteinen. – Gut erhaltene **Fachwerkhäuser,** darunter das Pfarrhaus aus 1756 – Alte Linde an der Kirche.

Eisvogel

Niederorke

Vöhl

Orcana (1016), idealer Ausgangspunkt für Wanderungen im äußerst reizvollen und unberührten Orketal nach → Fürstenberg oder → Dalwigksthal. – **Naturschutzgebiet.**

Nieder-Waroldern

Twistetal

Kirche: im Westen gotisch, im Osten Biedermeier. Bedeutender **Flügelaltar**, 1519 von einem Korbacher Franziskaner gemalt (vom gleichen Meister sind die Altäre in → Kilians- und → Nikolaikirche in Korbach) – Mittelbild: Kreuzabnahme Christi; auf den Innenseiten der Flügel: die Legende des hl. Franziskus; auf den Außenseiten der Flügel: links der hl. Bernhard in Mönchskutte, rechts der hl. Franziskus.

Ausschnitt aus dem Altargemälde in Nieder-Waroldern

Nieder-Werbe

Waldeck

Fischzuchtanstalt am Werbevorbecken. – **Ökologische Forschungsstation** des Naturschutzzentrums Hessen: Fortbildungsveranstaltungen und Lehrwanderungen für Urlaubsgäste (Tel. 0 56 34 / 4 80) – **Dorfstube – Informationszentrum** (im Aufbau) – Sommerrodelbahn.

Sommerrodelbahn

Halbinsel Scheid:

Landzunge im Edersee, ursprünglich Wohnsitz einiger ehemaliger Seeleute, heute bevorzugtes Wochenend- und Ferienziel vieler tausend Besucher, **Bootshafen** im Westen, großer, flacher **Badestrand** im Osten der Halbinsel, Rundweg im Süden. – **Naturschutzgebiet** „Kahle Hardt“ mit „Knorreichenstieg“ (→ Basdorf).

Nordenbeck

Korbach

1412 Errichtung eines Neubaues auf der Grundlage einer älteren Wasserburg, von der der größte Teil der Umwallung und der sechsgeschossige spätgotische Wohnturm (nicht zu besichtigen) erhalten sind, Stiftung einer Kapelle und eines Armenhauses (Nr. 30) durch Anna von Viermünden.

Ober-Ense

Korbach

Aenese (um 1010), – **Burgreste** (am Fuße eines Ausläufers des Eisenberges, am Westrand des Dorfes): Schloss wird 1471 genannt, heute nur noch geringe Reste der Grundmauern vorhanden, ehem. Wasserburg mit quadratischem Grundriss, im Osten runde Ecktürme, an der Nordwestecke rechteckiger Keller mit Obergeschoss. – Töpferei.

Obernburg

Vöhl

Spätromanische **Kirche** (um 1120), Schiff und Türen um 1400 verändert, Emporen mit Schnitzwerk und reizvoller Bemalung. – **Hof Lauterbach:** ehemals Landsitz der Landesherren von Hessen-Darmstadt, heute Privatbesitz – **Kornbrennerei:** Besichtigungen nur im Winterhalbjahr nach Vereinbarung (Tel. 0 56 35/92 37).

Oberorke

Vöhl

Luftkurort – **Kirche** mit reizvoller Innenausstattung, Lutherdarstellung, zierliche Barockorgel (1776).

Kirche in Oberorke

– breit gefächertes Freizeitangebot – **Streichelzoo,** Vogelvoliere – Kutsch- und Planwagenfahrten, Damwildgehege, Reitmöglichkeiten.

Ober-Waroldern

Twistetal

Ameisenkolonie (links der Straße O.-W. – Höringhausen im Wald): mehr als 200 Baue der Roten Waldameise von z. T. über 2 m Höhe, nach Gutachten von Wissenschaftlern größtes Vorkommen dieser Art in Europa; Naturschutzgebiet!

Seltene Zeugnisse der Natur – Ameisenkolonie bei Ober-Waroldern

Ober-Werbe

Waldeck

Zunächst Benediktiner-Mönchskloster, 1206 Benediktiner-Nonnenkloster, 1542 heiratete die letzte Äbtissin den ersten evangelischen Pfarrer, 1549 kommt es zu Streitigkeiten zwischen den Grafen von Waldeck und der Kirche um den Besitz des Klosters, bei denen sich die Grafen von Waldeck behaupteten, 1609/10 Reparatur der **Klostergebäude**, seit 1658 Ruine. –

Ruine Kloster Ober-Werbe

Im früheren hessischen Ortsteil Oberwerba (jenseits des Bachlaufes) romanische **Kirche** mit quadratischem Chor aus dem 12.Jh., Tympanon am Westportal. – Seltene **Pflanzenbestände** an den Hängen zum Werbetal (Naturschutzgebiet).

Odershausen

Bad Wildungen

In der Gemarkung mehrere Gruppen von Hügelgräbern aus der Bronzezeit (1750 – 800 v. Chr.) **Kirche:**

romanische Anlage (12./13. Jh.), Turm aus 1922, hierbei wurde ein Stein mit der Jahreszahl 1179 (?) gefunden, der am südlichen Aufgang zur Kirche sichtbar eingemauert ist. – **Odershäuser Wasserfall** (nördlich des Ortes): Schlucht des Sonderbaches (Helenental), bedingt durch eine Kieselschieferbarriere in den Gesteinsschichten.

Jägersburg (südwestlich Odershausens): Mauerreste und verwilderter Garten eines 1718 erbauten, im 19. Jh. wieder abgebrochenen Jagdschlösschens.

Hausschlachtung und Schlachtefest im „Lebendigen Museum"

„Lebendiges Museum" in einem ehemaligen Bauernhof: **aktive Darstellung** ursprünglichen dörflichen Lebens, Aktionstage – Öffnungszeiten: an jedem 3. Sonntag des Monats von 11 bis 17 Uhr (Tel. 0 56 21 / 7 29 42 und 21 04).

Ottlar

Diemelsee

Einst adeliges Gut. **Dommelturm:** Nördlich der Straße Ottlar – Rattlar erhebt sich der Kegel des Dommel (738 m); auf ihm wurde 1973 ein Aussichtsturm errichtet. Der Turm ist in wenigen Minuten zu Fuß von den Parkplätzen am Waldrand zu erreichen. Eine weite Fernsicht bis zum Habichtswald im Osten, zum Teutoburger Wald im Norden und auf die Ederberge und das waldeckische Sauerland belohnen für den Aufstieg.

Rengershausen

Frankenberg (Eder)

Luftkurort, **Kirche:** wuchtiger Westturm (12. Jh.), Chor spätgotisch (16. Jh.), romanische Altarplatte – sog. **Kirchenstumpf** (südl. des Dorfes): Mauerrest der Kirche des wüsten Dorfes Bergershausen – sog. **Frankenkirche** (nördl. des Dorfes): Kirchenruine einer Wüstung – **Freibad.**

Blick vom Dommelturm nach Osten

Luftkurort Rengershausen, im Hintergrund die Sauerlandberge

Rhena

Korbach

Reste einer Wasserburg sind in der heutigen Meierei noch erhalten.
Kirche: romanisch, aus 12./13. Jh., im Tympanon Christus auf dem Regenbogen und die vier Evangelistensymbole, im Inneren romanischer Taufstein, gotisches Kruzifix aus Lindenholz (Torso, Körper nur vorderseitig bearbeitet, Kreuz und Arme fehlen), Grabtafeln der Familie von Rhena.
Steinbrüche (im Nordosten): fossile Kalksteine der Unterkarbonzeit, Besonderheit im Rheinischen Schiefergebirge.

Rhoden

Diemelstadt

Radi (um 978), älteste Ansiedlung bei → Alt-Rhoden, zunächst Corveyscher Besitz, an der Stelle des heutigen → Schlosses bestand schon früh eine Burg, im 13. Jh. Anlage einer befestigten Stadt im Schutze der Burg. R. hatte bereits im Mittelalter Befestigungsanlagen mit zwei Toren, von denen das eine im Norden stand, das andere im Süden in Richtung Schmillinghausen. Um 1650 wurden die Stadtbefestigungen, die im Krieg schwer gelitten hatten, erneuert. An der Stelle der Neustadt befand sich

Rhoden mit Schloss

urspr. nur ein Vorwerk, eine Meierei. 1653 wurden die ersten Fachwerkhäuser errichtet. Von den Stadtmauern sind nur geringe Reste erhalten.

Kirche: urspr. gotische Kirche, wurde bei einem großen Brand, der 1735 auch zwei Drittel aller Häuser vernichtete, völlig zerstört, heute barocke Saalkirche.

Schloss: urspr. mittelalterliche Burg, 1235 „Rothen in castro" genannt, 1645 bis 1654 vollständiger Neubau eines Schlosses, 1664 Residenz der Grafen von Waldeck. Am Bau des Schlosses waren französische Steinmetzgesellen und holländische Zimmerleute tätig. Vor dem Haupteingang des Schlosses befindet sich der frühere Lustgarten; heute Altenheim des Landkreises Waldeck-Frankenberg. **Besichtigungen** des vollständig restaurierten Bauwerkes mit Schlossbrunnen und Kellergewölben sind nach Vereinbarung mit der Heimleitung möglich. Im Park am Westhang des Schlossberges wurde 1794 ein **Mausoleum** als Begräbnisstätte des waldeckischen Fürstenhauses errichtet.

Ruine Alt-Rhoden (ca. 1 km nordöstlich der Stadt): Reste der Kirche gehören ebenso wie das Portaltympanon, das sich ursprünglich an anderer Stelle befunden hat, noch dem 11. Jh. an. Kirche besaß Querschiff und Türme und war gewölbt.

Erbbegräbnisstätte des waldeckischen Fürstenhauses

Urspr. Pfarrkirche, jedoch im 13. Jh. in die Stadt Rhoden verlegt. Der Ort Alt-Rhoden muss um 1300 eingegangen sein. Das romanische Tympanon stellt in primitiver Arbeit die Ausgießung des Heiligen Geistes dar. Im Türsturz die zwölf Apostel, in der Mitte Maria, darüber in Halbfigur Christus, darunter die Taube als Sinnbild des Heiligen Geistes, seitlich davon zwei Tiere (Löwe und Panther; als Sinnbilder der Stärke christlichen Glaubens?). Im Kirchhof wurde eine Reihe alter Grabdenkmale freigelegt.

Flühburg (nordwestlich Ortslage): Sandsteinfelsen mit schwarzstieligem Streifenfarn (nördliche Verbreitungsgrenze in Deutschland) – niedersächsische **Bauernhäuser** mit Balkeninschriften und nahezu in ihrer Gesamtheit erhaltene Straßenzüge mit schönen Fachwerkhäusern. – „Quast" (Orchideen - Kalk - Buchenwald - Naturschutzgebiet)

„Galgenbaum“ bei Rosenthal

Rosenthal

Wahrscheinlich 1327 durch Mainzer Erzbischof gegründet, ehemals nur mit Graben und Wall „befestigt“, regelmäßiger Stadtgrundriss, gepflegte Fachwerkbauten – **Fachwerkrathaus** (1654), 1922 restauriert mit Wappen und Schnitzereien – **Freibad –** idealer Ausgangspunkt für Wanderungen im Burgwald – über 500 Jahre alte **Eiche** auf dem „Galgenberg“ (links des Weges nach Haina (Kloster).

Fachwerkrathaus Rosenthal

Sachsenberg

Lichtenfels

Stadtrechte im 13. Jh., auf der noch heute so benannten „Hofstadt" zwischen Kirche und Rathaus stand eine Burg, 1387 wird das Schloss, 1446 ein Burgsitz erwähnt, der vermutlich im 30-jährigen Krieg wie die gesamte Stadt verwüstet wurde.

Reste der **Stadtbefestigung** sind an der Nordwestecke des Stadtgevierts an der Kirche und an der Ostseite erhalten, hier 1,70 m dick und 2,50 bis 3,00 m hoch. **Kirche:** barocke Saalkirche mit Turm von drei Geschossen. **Bürgerhäuser mit Balkeninschriften.** Alljährlich Pfingstschießen (alter Brauch). – Töpferei.

Sachsenhausen

Waldeck

Sassenhuzun (1097), seit 1260 Stadtrechte, „Consules" werden gewählt, 1465 hat die Stadt ein eigenes Rathaus, sie besaß eigene Gerichtshoheit, ein gräflicher Freistuhl befand sich auf dem „Schiebenscheid". Stadtbefestigungen im Mittelalter.

Kirche: dreischiffig-dreijochiges Langhaus, frühgotisch, Form des Südportals kennzeichnend für den Übergang vom romanischen zum gotischen Stil, im Innern freigelegte Malereien aus dem 13./14. Jh., Kanzel aus der Zeit um 1540. **Wartturm:** westlich der Straße Sachsenhausen – Ober-Werbe. – **Klinger Kirche:** heute Ruine, wahrscheinlich lag an dieser Stelle ein Dorf Klingen.

Hofstadtplatz in Sachsenberg

Selbach
Waldeck

1207 erstmalig genannt, 1701 Bau eines herrschaftlichen Jagdschlosses „Tiergarten“ durch die Waldecker Grafen, nach der Vollendung „Friedrichsthal“ nach Fürst Friedrich Anton Ulrich, seit 1730/34 fürstliches Meiereigut, später Domäne mit Herrenhaus an der Ostseite des Hofes.

Schmillinghausen
Bad Arolsen

Geburtsort der Schriftstellerin Christine Brückner – **Kirche:** Westturm Rest des ehemals quadratischen mittelalterlichen Turmes, barocke Saalkirche, seltene Holztonnendecke mit interessanten Malereien.

Schmittlotheim
Vöhl

Am Waldschutzgebiet Gatter Edersee gelegen, Aussichtspunkt „Hagenstein“ (Naturschutzgebiet), **Waldökologischer Lehrpfad** im Elsbachtal.

Schwalefeld
Willingen (Upland)

Luftkurort. **Schwalenburg:** auf bewaldeter Bergkuppe nordwestlich des Ortes gelegen, vermutlich spät-

Blick vom „Hagenstein“ auf das Edertal

karolingisch-ottonischen Ursprungs. Auf oberster Bergkuppe ein ca. 2 bis 4 m hoher Wall in ovaler Grundrissform, an der Nordseite Zugang mit den Grundmauern seitlicher Torgebäude (teilweise freigelegt), im Innenfeld Mauerzüge eines Rund- und eines Rechteckturmes erkennbar; zweiter Wall im Norden, Osten und Süden in breitem Abstand um die innere Burg, der sich im Westen mit dem Innenwall vereinigt. Im Norden wiederum große Toranlage. Das Gleiche wiederholt sich bei einem dritten Wall, der mit Strauchwerk bestanden ist. Der Gesamtdurchmesser der Burganlage beträgt in Nord-Süd-Richtung ca. 315 m, in Ost-West-Richtung ca. 240 m. Die Innenburg hat einen maximalen Durchmesser von ca. 100 m. – **Aussichtspodest.** – Loipen, Schlepplift.

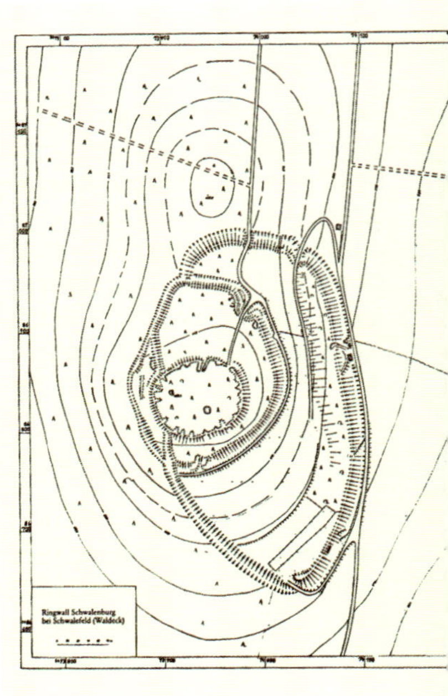

Grundriss der Schwalenburg

Ringwallanlage Schwalenburg

Sudeck

Diemelsee

Kirche: spätromanische Kapelle mit frühgotischem Portal, Ausstattung 1663 bis 1703, reizvoller Innenraum mit Hängekuppelgewölben.

Thalitter

Vöhl

Itterburgen, auf Berggrat über dem Tal gelegen, vermutlich Stammsitz der Herren von Itter (um 1000), heute nur noch Reste erhalten – vom 17. bis 19. Jh. hessisches Silberbergwerk, auch Kupferbergbau – dreigeschossiges **Herrenhaus** (Anf. 18. Jh.), für Bergwerksinspektor erbaut, in der **Kirche** Bronzegrabplatte und großes Ölgemälde der Familie des Bergwerksinspektors.

Twiste

Twistetal

Tuistai (um 860), im 16. Jh. befestigte Burg. – **Kirche:** frühromanische dreischiffige Pfeilerbasilika. – Einige teilweise erhaltene niedersächsische **Bauernhäuser,** riesige Blutbuche im Pfarrgarten, gepflanzt 1871. – Beheiztes **Freibad, Waldbühne.**

Twistetalsperre

Als Hochwasserschutz für das Diemeltal gebaut. Damm unterhalb Wetterburgs rd. 22 m hoch und 280 m lang, Erdschüttung mit Betonkern, Überlaufbauwerk mit Café; Inhalt 9,1 Millionen m³, also knapp halb so groß wie die Diemeltalsperre, Dauerstau im Sommer 76 ha, im Winter 59 ha, bei Höchststau (Hochwasser) max. 121 ha. Die Twistetalsperre ist eine der saubersten Talsperren Deutschlands, weil ihr nicht einmal geklärte Abwässer

Burg und Dorf Itter um 1600

Twistesee mit Strandbad und Überlaufbauwerk

aus Abwasserbehandlungsanlagen zugeführt werden. Baden ist außerhalb des Gebietes der Vorsperre überall möglich, **Strandbad** am Westufer. Wander- und Radweg rund um den See. **Modellboothafen. – Wasserskikarussell. – Vorsperre** (an der Straße nach Braunsen): Naturschutzgebiet, seltene Wasservögel, Beobachtungshütte.

Kolbenbärlapp

Usseln

Willingen (Upland)

War Sitz eines Freigerichts und einst Kirchdorf und Marktort des Waldecker Uplandes. Der Freistuhl befand sich „auf dem hohen Pone

Bronzeplastik vor dem Museum Usseln

bey der Linden", heilklimatischer Kurort, Luftkurort und Wintersportplatz, beheiztes **Freibad** mit Rutsche und Kinderspielzone, Kutsch- und Planwagenfahrten. **Heimatmuseum** (Ortszentrum, Ringstraße 52), Öffnungszeiten: samstags 16 bis 18 Uhr. Ausstellungsstücke: dörfliches Kulturgut, hist. Gebrauchsgegenstände, hist. Fotosammlung, Vorführungen am Webstuhl. – **Milchmu*h*seum.**

Kirche: ursprünglich romanische Basilika, dem hl. Kilian geweiht, durch spätere Umbauten stark verändert; Altar des waldeckischen Bildschnitzers Josias Wolrat Brützel (1693), Altarbild zeigt Christus gekreuzigt am Baum des Lebens.

Osterkopf (708 m): unbewaldeter Aussichtsberg nördlich des Ortes mit Heide, Heidel- und Preiselbeeren sowie seltenen Pflanzenvorkommen (Bärlapparten, Isländisches Moos, Rentierflechte u. a.) – **Jägers Weinberg:** zwischen Hohem Pön und Krutenberg gelegenes Hochmoor mit Birken-Erlen-Bruchwald und seltenen Pflanzengemeinschaften wie Siebenstern, Moosbeere, Torfmoos. – **Erlebnis-Freibad –** Langlauf-Loipen, Schlepplifte.

Diemelquelle südlich von Usseln an der so genannten „Milchstraße" nach Titmaringhausen, Ausflugsziel mit Kneippanlage.

Viermünden

Frankenberg (Eder)

850 erstmals genannt, **Schloss** ursprünglich wohl Burgsitz des Ortsadels, erbaut 16./17. Jh., heute Privatbesitz – **Kirche:** ursprünglich romanische Basilika, mehrfach umgebaut.

Vöhl

Ehemaliger Amtssitz der Herrschaft Itter (nicht zu verwechseln mit dem Ittergau), Reste der **Ringmauer** des ehemaligen Wehrkirchhofes erhalten, hessen-darmstädtisches Schloss 1845 abgebrochen – **Rathaus:** klassizistischer Steinbau – neben Rosenthal einzige erhaltene **Synagoge** (1827) im Landkreis Waldeck-Frankenberg.

Henkel-Erlebnis-Freibad mit Saunalandschaft **–** Vöhl ist Geburtsort von Georg Friedrich Teuthorn (1735 – 1817), der eine zehnbändige „Geschichte der Hessen" schrieb, und von Kommerzienrat Fritz Henkel (*1848), Gründer der Düsseldorfer Henkel-Werke.

Diemeltal zwischen Usseln und Hemmighausen

Henkelbad in Vöhl

Volkmarsen

In einer Bulle Papst Hadrians IV. 1155 erstmals genannt, reicher Besitz des Klosters Corvey, 1233 vom Papst Stadt genannt, 1304 verpfändete Corvey die Hälfte von → Burg und Stadt an das Erzbistum Köln, 1474 gelangte V. in den Besitz der Landgrafen von Hessen, im 30-jährigen Krieg wurde die Stadt völlig zerstört. Erhalten blieben der mittelalterliche eiförmige Grundriss, zwei Mauertürme und einige gotische Steinhäuser.

Kirche: frühgotischer Bau, 1317 vollendet. – **Witmarkapelle** (nördlich von V.): einziger Überrest des

Volkhardinghausen

Bad Arolsen

Augustiner-Chorfrauenstift, im 15. Jh. Niedergang des Klosters, 1465 Besetzung mit Augustiner-Chorherren, 1567 Tod des letzten Paters und Einziehung des Klosters durch die Waldecker Grafen, 1715 Ansiedlung von 16 „Kolonisten“. Reste der Gebäude des Klosters vorhanden, von Norden nach Süden gerichteter lang gestreckter Bau, ursprünglich hat der Bau wohl weiter nach Norden gereicht oder hätte reichen sollen, spätgotisch, im ehem. Kreuzgang jetzt ein Kirchenraum.

Kugelsburg

Mederich-Kapelle

im 16. Jh. untergegangenen Dorfes Witmar, im 13. Jh. im romanischen Stil erbaut, später vielfach verändert. – **Kugelsburg:** ehem. Kogelnburg, um 1200 von den Grafen von Everstein erbaut, 1758 von Franzosen zerstört, erhalten sind von der spätromanischen Anlage ein mächtiger quadratischer Turm und ein Teil des Palas; vom Turm Rundblick auf Volkmarsen und in die Umgebung, rustikale Gaststätte, Terrasse. – **Turm der Burg Mederich** (nordwestlich der Stadt an der Straße nach Herbsen): mit Kapelle, Teil des bereits 870 erwähnten Dorfes und Gerichts Mederich. – **Heimatmuseum:** Öffnungszeiten: Samstag und Sonntag 14 bis 18 Uhr und nach Vereinbarung. – **Mineralquellen** (an der Straße nach Ehringen): Säuerling mit Heilanzeigen bei Magen- und Darmkrankheiten, Mineralwasser-Kneippanlage. – beheiztes, schön gelegenes **Freibad. Naturschutzgebiete** mit seltenen Pflanzengesellschaften im Süden der Stadt. – Brauhausgaststätte.

Waldeck

Waldekke (1189), im Mittelalter starke Stadtbefestigungen mit Mauern, Türmen und Toren, im 16. Jh. befanden sich bei der Stadt Weinberge, Luftkurort. **Schloss:** Gründungsjahr unbekannt, zunächst Niederlassung der Grafen von Ziegenhain, durch Heirat an die Grafen von Schwalenberg, die sich seit 1189 Grafen von Schwalenberg

Burg Waldeck von Norden

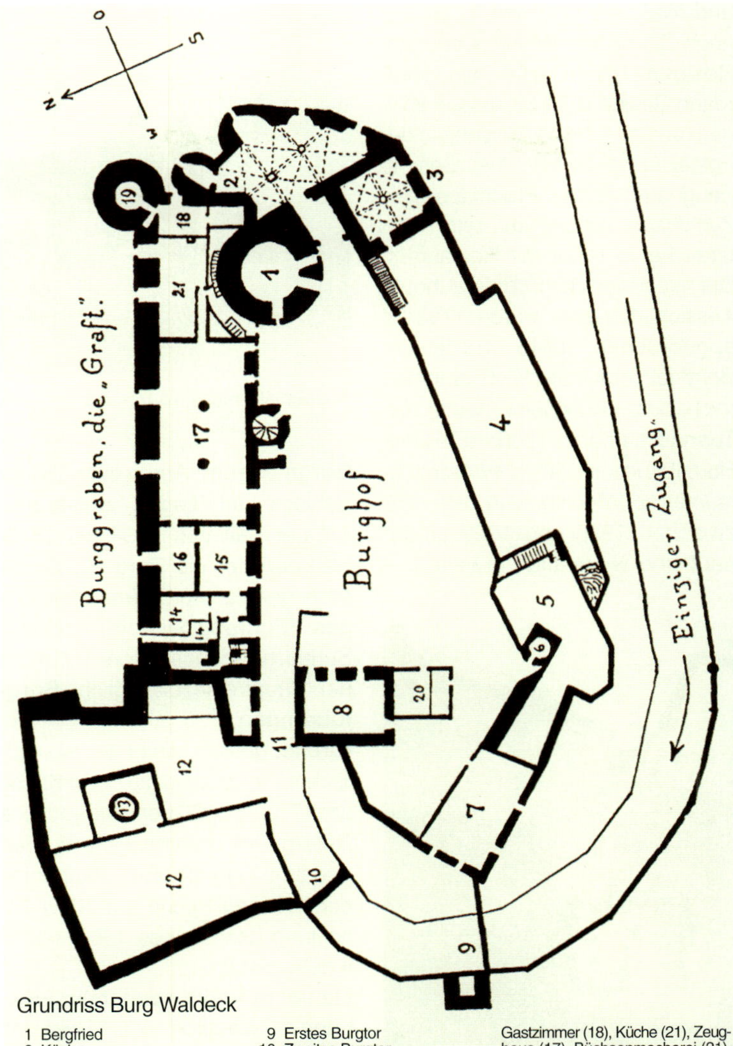

Grundriss Burg Waldeck

1 Bergfried
2 Küche
3 Einst Kapelle
4 Große Südaltane
5 Kleine Südaltane
6 Uhrturm
7 Wirtschaftsgebäude
8 Ab ca. 1740 Gefängnis
9 Erstes Burgtor
10 Zweites Burgtor
11 Drittes Burgtor
12 Vorburg oder Zwinger
13 Burgbrunnen
14 – 18 Wildunger Flügel. Frauenzuchthaus (14), heute grüner Saal (17), Hotelzimmer (14 – 18), Gastzimmer (18), Küche (21), Zeughaus (17), Büchsenmacherei (21). Schmiede (18), Krankenstube und Gefängnis (15), Männerzuchthaus (17), Wärterwohnung (18, 21), Rittersaal (17), Hexenturm (18,19). Im Keller in der Zuchthauszeit Marmorsägerei und -schleiferei.

und Waldeck und seit 1228 nur noch Grafen von Waldeck nennen. Residenz der Grafen bis 1665 (dann Residenz im Schloss → Kleinern und ab 1719 in Arolsen); in der Folgezeit war das Schloss Gericht, Zeughaus, Archiv, Fruchtspeicher, Zuchthaus, Arbeitshaus und Försterei, heute Hotel mit Restaurant. Der mittelalterliche Südflügel, heute Aussichtsterrasse, wurde 1733/34 abgebrochen, 1745 wurde der Bergfried errichtet, 1740 brannten (nicht durch Kriegseinwirkung) das Turmdach und der größere Teil des Hauptbaues mit allen Wirtschaftsräumen ab, Wiederaufbau 1948–52, zwischen 1986 und 1999 umgebaut und wesentlich erweitert. –

Aufgang Burg

Aussichtsterrasse mit Pranger

Burgmuseum: Ausstellung „Hinter Schloss und Riegel" befasst sich mit der Zeit von 1734 bis 1868, während der die Burg als Zuchthaus genutzt wurde (mehrsprachiges Führungssystem), Video-Schau. Öffnungszeiten: während der Hauptreisezeit täglich. **Burgführungen.**

Kirche: gotisch, als erster evangelischer Pfarrer predigte in der Kirche am 17. Juni 1526 der waldeckische Reformator Johann Hefenträger, genannt Trygophorus, Baubeginn der heutigen Kirche um 1300, Errichtung des Turmes 1560, reiche Innenausstattung.

Mehlberg und Katzenstein: Erhebungen westlich des Ortes mit seltenen Pflanzenbeständen wie Orchideen, Türkenbund, Seidelbast, Maiglöckchen, Schlüsselblume u. a., Naturschutzgebiet!

Uferpromenade „Welt der Sinne“

Strandbad am Edersee, **Uferpromenade** mit „Welt der Sinne“, **Kabinenseilbahn** vom Schloss zum Edersee, auch Fahrradtransport – **Nahverkehrslandeplatz** mit **Segelflugschule** und Möglichkeit zu **Rundflügen,** sehr schön gelegener **Golfplatz, Fahrgastschifffahrt** in der Waldecker Bucht, **Jugendherberge.** Nahe Waldeck liegen im Edersee die Reste des **Dorfes Berich** (Gedenkstein an der Randstraße); hier befand sich ein vor 1196 gegründetes Augustinerinnenkloster. Im Herbst bei niedrigem Wasserstand sind Mauerreste und der Friedhof des Dorfes sichtbar.

Kanuwandern auf der Eder

Ederseeregion: Wassersportzentrum und Wanderparadies

Blick vom Ringelsberg auf Waldschutzgebiet und Edersee

Waldschutzgebiet Gatter Edersee

Ein forstwirtschaftliches und ökologisches Juwel erstreckt sich auf einer Gesamtfläche von rd. 5 700 ha zwischen dem Edersee und dem reizvollen Wesebachtal mit seinen schmucken Dörfern. Wissenschaftler unterschiedlicher Fakultäten haben das Gebiet deshalb zur Ausweisung als **Buchenwald-Nationalpark** vorgeschlagen. Die Politik ließ den Plan scheitern. Stattdessen wurde mittlerweile ein Naturpark Kellerwald-Edersee mit einer Fläche von knapp 40 000 ha., einer von über hundert Naturparks in Deutschland, ausgewiesen.

Bis 1918 war der größte Teil des heutigen Waldschutzgebietes Hofjagdrevier der Fürsten zu Waldeck und Pyrmont. 1935 erweitert, war es später **Staatsjagdrevier** der hessischen Landesregierung und ihrer Jagdgäste. Erst 1988 wurde der Schutzzweck geändert, der Wildbestand an Rot-, Dam-, Schwarz- und Muffelwild reduziert mit dem neuen Ziel, naturnahe und natürliche Waldgesellschaften entstehen zu lassen. Mehrere großflächige **Naturwaldreservate** und **Naturschutzgebiete** werden nicht mehr wirtschaftlich genutzt. Bäume und Pflanzen können ungestört wachsen und vergehen. So bieten sie gefährdeten Tierarten wie Uhu, Schwarzstorch, Rauhfußkauz und Kolkrabe, hunderten von Insektenarten und seltenen Pflanzen einen neuen ungestörten Lebensraum.

Feuchtbiotop

Das Waldschutzgebiet ist mit einem gut ausgebauten Netz von Wegen und Schutzhütten für den Wanderer und Radfahrer erschlossen. Kleine Wanderparkplätze rund um das Gebiet erschließen den Wald zusätzlich. Die besonders ausgewiesenen **Schutzgebiete** dürfen allerdings nicht betreten werden.

Schwarzstorch

Von Schmittlotheim und Frankenau führen **Lehrpfade** in das Waldschutzgebiet, auf denen man die Wolfsgrube und andere Geheimnisse des Waldes entdecken kann.

(Wanderkarten „Waldschutzgebiet Edersee“ – Hess. Forstamt Edertal, erhältlich bei Gemeindeverwaltungen und touristischen Informationsstellen – Schriftenreihe Kellerwald & Edersee „Waldschutzgebiet Kellerwald“)

Warburg

Landkreis Höxter

Entstanden aus zwei Städten im Diemeltal und auf dem Bergrücken, gut erhaltene **Stadtbefestigungsanlagen** mit Mauern und Türmen, drei **Kirchenbauwerke** aus der Zeit des Westfälischen Hansebundes, prächtige Fachwerkbauten (Rathaus, Böttrich'sches Haus, Glockengießerhaus) – **Museum** im „Stern" (Vor- und Frühgeschichte, Silber- und Goldschmiedearbeiten) – **Stadtführungen** und Informationen: Tel. (0 56 41) 9 25 55.

Wellen

Edertal

Eine Fülle von Funden weist auf eine Besiedlung in der Vorzeit hin; nahe der Schule konnte bei Ausschachtungsarbeiten eine ununterbrochene Kulturfolge von den Bandkeramikern bis zur Neuzeit festgestellt werden, im Schulgarten kamen römische Münzen zutage, mehrere kunstvoll gestaltete Knochenkämme gehören wohl zu Bestattungen der Völkerwanderungszeit. Funde im → Heimatmuseum Bad Wildungen. In der Gemarkung Wellen liegt der Johanneskirchenkopf, wo nach Überlieferung und Sage Bonifatius die Donareiche fällte. **Dorfmuseum:** Zeugnisse historischen Landlebens u. Backstube – Öffnungszeiten: an jedem 1. und 3. Montag im Monat von 15 – 17 Uhr (Tel. 0 56 21/53 20).

Welleringhausen

Willingen (Upland)

Kirche: dreifach abgestufter romanischer Kirchenbau, barocke Innenausstattung durch den Waldecker Bildschnitzer Josias Wolrat Brützel (1675), Bronzeglocke aus dem 14. Jh.

Wethen

Diemelstadt

Wethium (um 1010), im 12. Jh. Burg, nordwestlich des Ortes, schon auf westfälischem Gebiet, Reste einer weiteren Burg, der Ossenburg (Asleburg, Asselburg). – **Kirche:** mittelalterlicher quadratischer Westturm, rechteckiges Schiff auf mittelalterlicher Untermauer, Oberwände der Biedermeierzeit. – Unter der Kirche, von ihrem Mauerwerk umschlossen, eine **dreischiffige romanische Kapelle.** Altes **Rathaus:** mit Durchfahrt zur Kirche, sehenswerter Fachwerkbau aus dem 18. Jh. – Daneben einige gut erhaltene niedersächsische **Bauernhäuser.** – **Wallanlage:** frühgeschichtlich auf dem „Quast" zwi-

Kräutermarkt Wiesenfeld

schen Wethen und Rhoden, heute z. T. militärische Sperrzone. – **Hessenbühl** (südwestlich Wethens) und „Eilsbusch“ (südöstlich): Halbtrockenrasen, Naturschutzgebiet.

Ehemaliges Rathaus in Wethen

Wetterburg

Bad Arolsen

In der Fehde mit Kurköln von den Waldecker Grafen 1306 eine Burg erbaut, erhalten nur der Wohnbau in veränderter Form, bedeutsam ein zweigeschossiger Erker. Über den Burghof führt heute die Straße. – **Strandbad** – **Golfplatz.**

Wiesenfeld

Burgwald

Ehemals Johanniterkommende (um 1200 gegründet), 1710 – 55 Ansiedlung von Hugenottenfamilien – **Kirche:** frühgotisch mit mächtigem Wehrturm – sehenswerte **Fachwerkhäuser** (Johanniterhaus und Herrenhaus mit restauriertem Vorratskeller (1711) – Hugenottenstube – Backhaus – **Kräutergarten** auf dem Kirchhof.

Eislaufhalle

Öffnungszeiten: Mai bis Okt. montags, dienstags, donnerstags 10 bis 12 Uhr und 15 bis 17 Uhr, samstags und sonntags 15 bis 17 Uhr (Tel. 0 56 32/40 11 80) **Besucherbergwerk:** ehemaliges Schieferbergwerk mit über 100 Jahre alten Stollen und Kavernen, regelmäßige fachkundige Führungen: Mittwoch bis Sonntag 10.00 und 11.00 Uhr, von April bis Okt. zusätzlich 15.00 und 16.00 Uhr.

Mühlenkopfschanze: Neu erbaut 1999/2000, Kosten ca. 10 Mio. DM, größte Schanze der Welt in ihrer Kategorie, Schanzenrekord 151,50 m (2001). Länge Anlauf 107 m, Höhe

Willingen (Upland)

Wintersportzentrum, Kneippheilbad und heilklimatischer Kurort, neben Bad Wildungen größter Fremdenverkehrsort des Waldecker Landes. **Lagunen-Erlebnisbad** mit Außenbecken, **Eislaufhalle,** Sessellift zum Ettelsbergplateau (838 m).

Naturkundliches (ökologisches) Informationszentrum: Darstellung ökologischer Zusammenhänge, umweltbeeinflussender Faktoren und heimischer Tiere und Pflanzen in mehreren Räumen: 1. Freie Landschaft, 2. Wald, 3. Gewässer, 4. Geologie und Hydrogeologie –

Schanzenturm

Hochheide bei Willingen

Hochsauerland
Willingen
Kur- und Touristik-Service Willingen
Waldecker Straße 12 · 34508 Willingen · Telefon (0 56 32) 40 11 80 · Fax (0 56 32) 40 11 50
Internet: www.willingen.de · E-Mail: willingen@willingen.de
Aktiv erleben
Mountain-Bike-Park
Europas größte Ski-Sprungschanze
Sesselbahn
Eislaufhalle
Sommer-Rodelbahn
Wild- und Freizeitpark
Besucherbergwerk
Erlebnis-Bad
Indoor-Climbing
FREIZEIT & FUNSPORTARENA WILLINGEN

Hochsauerland
Willingen
Ihr Urlaubsziel
und Freizeit-Paradies.
So nah, dass ganze Jahr.
Spass an Sport, Freizeit und aktivem Lebensgefühl.
Man trifft sich in Willingen
Urlaub in Willingen ist mehr.
Lernen Sie das Hochsauerland von seiner schönsten Seite kennen, z.B. mit einem Familien-Urlaub, einem Wohlfühl-Urlaub mit Wellness, Sport und vielen Aktivitäten sowie unseren Kultur- und Veranstaltungsangeboten.
Mehr als 100 Gastronomiebetriebe warten auf Sie.
Hoch-Sauerland
FIS Weltcup Skispringen
Willingen
URLAUB IN WILLINGEN IST MEHR!

Weltcup-Skispringen in Willingen

Ettelsbergplateau mit Berghütte und Sesselbahn

Aufzugsturm 30 m, Höhe Anlauf – Talsohle 156 m, **Standseilbahn** vom Tal zum Anlaufturm (Höhendifferenz 120 m), Fassungsvermögen Stadion 35 000 Zuschauer – **Mattenschanze** am „Orenberg". – Loipen, Skikarussell, Skirollerbahn. **Strycktal:** Naturschutzgebiet, Hochmoor mit Erlen-Birken-Bruchwald und seltenen Pflanzen.

Ettelsberg-Sesselbahn: 1100 m lange Bahn mit zum Teil geschlossenen Kabinen auf die Hochheide des Ettelsberges (838 m), idealer Ausgangspunkt für Wanderungen durch die großen Waldgebiete südlich von Willingen; Öffnungszeiten: im Sommer täglich von 9 bis 17 Uhr. – **Aussichtsturm** mit Personenaufzug.

Wild- und Märchenpark: täglich geöffnet von 9 bis 18 Uhr, **Sommerrodelbahn,** Glasbläserei – Brauhaus.

Winterberg

Hochsauerlandkreis

Bedeutender Wintersportort des Sauerlandes neben Willingen – **Bob- und Rodel-Kunsteisbahn:** „Taxibob" für jedermann, Eissporthalle – **Indoor-Kartbahn** in Neuastenberg – **Aussichtsturm „Kahler Asten"** (841 m) mit Naturmuseum, Informationszentrum – Informationen: Tel. (0 29 81) 9 25 00.

Züschen

Schwalm-Eder-Kreis

Stadtteil von Fritzlar, bis 1974 waldeckisch. **Steinkammergrab** aus der jüngeren Steinzeit, 1894 beim Pflügen mit Skelettresten von 27 Personen und Beigaben entdeckt. – **Schloss Garvensburg** mit Parkanlage (Ende 19. Jh.).

VORSCHLÄGE FÜR RUNDWANDERUNGEN

Fachwerk und Orchideen

(Diemelstadt – Volkmarsen)

Von Rhoden (Ortsmitte in Richtung Wrexen, rechts ab über befestigte Wege nach → Alt-Rhoden, von dort unter der Autobahn hindurch bis zur Waldgrenze des „Quast" (seltene Pflanzengemeinschaften). Von dort weiter in nördlicher Richtung am Waldrand entlang bis zur Wrexener Grillhütte, von hier in westlicher Richtung durch den „Steinberg" (Waldsportpfad, beheiztes Freibad) nach Wrexen und bis zur Ortsmitte. Hinter dem Friedhof über den „Hohlen Weg" durch die Feldmark in Richtung Autobahnraststätte, unter der Autobahn hindurch in den Wald, in Gegenrichtung des Weges bis zum „Sinemusplatz", von dort entlang der „Neumannstraße" über „Hermann-Löns-Platz" bis zur Kreuzung „Hüttenweg". Von dort auf dem Waldlehrpfad, vorbei an der Schutzhütte des Verkehrsvereins Rhoden, durch das Landschaftsschutzgebiet → „Rhoder Hude" bis zum Waldspielplatz an der Kreisstraße, über die Kreisstraße oder durch das Feld zurück nach Rhoden = 16,5 km.

Von Rhoden über die „Wolfsstange" in westlicher Richtung durch das Feld bis zur „Rhoder Hude", weiter am Saatkamp vorbei zu den Fischteichen am Denkelhof (Ponyhof), weiter auf der „Vieringstraße" (Waldrandstraße längs des Orpetales) bis nach Orpethal. Bei den ersten Häusern rechts ab bergaufwärts in den Wald bis zum „Hermann-Löns-Platz". Von hier zurück nach Rhoden. = ca. 15 km.

Vom Parkplatz Eichenstraße im Neubaugebiet Scheid südlich Volkmarsen – ein kurzer Rundweg V 1 (der allerdings im Stadtzentrum beginnt) erschließt die botanischen Schönheiten und geologischen Besonderheiten des Naturschutzgebietes „Scheid" und führt zur Scheidwarte. – Wer seine Wanderung ausdehnen will, überquert die Straße Volkmarsen – Lütersheim und erreicht über V 4 vorbei an „Huckershöhlen" das Wattertal – weiter bachaufwärts („Hollenkammer" am „Tentenberg") bis Lütersheim → und zurück über Wirtschaftswege („Volkmarser Weg") zum Ausgangspunkt = ca. 10 km

Von der Fürstenresidenz zum Vogelparadies

(Arolsen – Twistetal)

Vom östlichen Ortsausgang Arolsen (Wetterburger Straße) links ab von der Landesstraße über die mit X 6 bezeichnete Durchgangswanderstrecke am „Fischhaus“ vorbei zum Staudamm der Twistetalsperre, am westlichen Ufer entlang bis zur B 450, entlang der Vorsperre (Naturschutzgebiet für seltene Wasservogelarten) bis Braunsen, von hier über die mit X 12 bezeichnete Durchgangswanderstrecke zurück nach Arolsen = ca. 16 km.

Graureiher bei der Fütterung

Von Arolsen in südwestlicher Richtung bis Mengeringhausen – ab Wanderparkplatz „Stadtapotheke“

Naturschutzgebiet Twistesee mit Sand- und Kiesbänken.

auf den Wanderwegen 3/4/5/6 zum Freizeitgebiet „Am Weißen Stein“ (Angelsportanlage, Waldlehr- und Sportpfad – Wassertretbecken – Spielplatz – Schutzhütte) – nach links auf dem Wanderweg Nr. 3 (Forellenteich) durch Laub- und Nadelwälder bis zur „Mengeringhäuser Warte“ (Aussichtsturm, Rundblick: Kugelsburg – Habichtswald – Weidelsburg – Ederberge), von hier durch Mengeringhausen zurück nach Arolsen = ca. 15 km.

Über Hochheiden zur Weltcup-Sprungschanze

(Naturpark Diemelsee – Willingen)

Vom Ortsteil Stryck zunächst über den mit X 15 bezeichneten Durchgangswanderweg am westlichen Talrand (Naturschutzgebiet) entlang bis zum Fuße der Mühlenkopfschanze (Aufzug zum Anlaufturm) und weiter bis Kneippanlage, nach links über die Brücke des Itterbaches und rechts ab (X 6) bergaufwärts bis zur Landesgrenze Hessen/NRW – freier und weiter Ausblick nach Süden in das Sauerland und bis zu den Ederbergen – (Schutzhütte), weiter geradeaus bis zum Abzweig nach rechts zur Diemelquelle (Schutzhütte, Kneippanlage), von hier auf asphaltiertem Weg

Vom Anlaufturm der Mühlenkopfschanze in das Strycktal

bis Usseln. Von Usseln auf dem Rad- und Wanderweg zum Ausgangspunkt. = ca. 18 km.

Von Usseln hinter der katholischen Kirche links ab bis zum asphaltierten Weg nach Eimelrod (Hochspannungsleitung), diesen ein kurzes Stück in östlicher Richtung, dann links ab bergaufwärts auf den Gipfel des „Osterkopfes“ (Schutzhütte, weiter Ausblick nach allen Seiten, seltene Pflanzengemeinschaften in der Hochheide), weiter in nördlicher Richtung durch den Fichtenhochwald bis zum Waldausgang, bis Eimelrod oder schon vorher links ab in das Diemeltal, die Diemel wird etwas weiter talaufwärts überquert

Diemelquelle

(Schutzhütte), auf der gegenüberliegenden Seite des Tales zurück nach Usseln oder talabwärts bis kurz vor Hemmighausen, dann im spitzen Winkel links ab und auf bequemem Weg hinauf zum „Hermannsberg", von hier auf der Höhe (R6) zurück nach Usseln.

◇ Von Heringhausen durch das Wochenendhausgebiet „Florenbicke" zum „St. Muffert" nördlich des Ortes (Schutzhütte, vom Ort aus zu sehen, weite Fernsicht), hinter der Hütte bergaufwärts entlang der Landesgrenze Hessen/NRW (alte Grenzsteine des früheren Fürstentums Waldeck zu Kurköln) bis zur Hochspannungsleitung, im gegenüberliegenden Buchenwald weiter bis zum „Eisenberg" (595 m, Schutzhütte, schöne Aussicht auf den Diemelsee und in das Sauerland), weiter bis zum nächsten Forstwirtschaftsweg und in spitzem Winkel talwärts bis Helminghausen. Von hier zur Talsperre, über die Staumauer, zunächst seeseitig, dann an der Hochspannungsleitung über die Straße und im Wald zurück nach Heringhausen = ca. 10 km.

Goldbergbau und Adelsgeschlechter

(Korbach – Lichtenfels)

◇ Von Goddelsheim nach Westen über einen asphaltierten Wirtschaftsweg, durch freie Feldmark und ein kleines Waldstück zur Fischzuchtanstalt im Aartal, ein kurzes Stück den Weg zurück bis zum Abzweig des Weges am linken Talrand, diesen Weg südwärts immer mit dem Blick ins reizvolle Aartal durch Buchenwälder bis zur Straße Münden – Dalwigksthal (im Aartal kann man selten gewordene Wasservogelarten beobachten, zwischendurch nach Kneipp etwas für die Gesundheit tun und sich im Übrigen an einer unberührten Kulturlandschaft erfreuen), von Dalwigksthal weiter im Orketal, von hier in das Heimbachtal, im Heimbachtal zurück nach Goddelsheim = ca. 22 km.

Von Dalwigksthal (Orkebrücke) am Ortsende links ab durch die Feldmark nach Sachsenberg, südlich Sachsenbergs rechts ab in das Nuhnetal, an einer Mühle vorbei bis südlich von Neukirchen, durch die Feldmark bis zum Ort, am nördlichen Ortsrand rechts ab durch das Neubauviertel und bergaufwärts zum Hochbehälter (von hier eindrucksvolle Aussicht auf die Sauerland-Berge), weiter in östlicher Richtung durch Fichtenwald bis zur Straße Neukirchen – Sachsenberg, entlang dieser Straße bis etwa Kilometerstein 41,8, links ab in den Wald, leicht bergaufwärts bis zur „Vatereiche“ (Naturdenkmal), von hier bis zum Sachsenberger Sportplatz (schöner Blick auf den Ort), zurück nach Dalwigksthal = ca. 20 km.

Von Korbach (Stadthalle) an den Kleingärten vorbei Richtung „Bracht“, nach dem Aussiedlerhof links ab an „Krolls Teich“ (ehemalige Schaftränke) durch die freie Feldmark nach Lengefeld, weiter nach Westen rechts am Burggut entlang bis zum Ortsrand, durch einen Hohlweg (früherer Verbindungsweg nach Alleringhausen) bis oberhalb des Hochbehälters, von dort halbrechts bergauf bis zum „Hünenkeller“, weiter in westlicher Richtung parallel zum Hohlweg bis zum nächsten Forstweg, von hier nach links bis zur nächsten Wegkreuzung, dann in Richtung „Wipperteich“ über den Vogellehrpfad weiter durch den Mischwald bis zur nächsten nach links abzweigenden Waldwegverbindung bergaufwärts, oben links ab in Richtung Eisenberg, zum Georg-Viktor-Aussichtsturm (ein Waldsportpfad lädt zwischendurch zum Trimmen ein, Grundmauern des früheren Schlosses, geologischer Lehrpfad „Goldspur Eisenberg“ mit Darstellung des mittelalterlichen Goldbergbaues), zurück zum Fuß des Eisenbergs, dann durch die freie Feldmark nach Korbach zurück. = ca. 16 km.

Ruinen Burg/Schloss Eisenberg

Orketal im Herbst

Bergsee, „Bonsai-Eichen" und Technik

(Ederseeregion)

Von Waldeck in Richtung Bahnhof am Ortsrand rechts ab bis zur „Kanzel" (schöne Aussicht auf Stadt und Schloss Waldeck und Edersee, Schutzhütte), weiter bis zur Ederseesperrmauer, über die Staumauer (ein Abstecher zum Wildpark Edersee lohnt sich), vom Ortsteil Edersee durch Hemfurth zum Informationsgebäude des Pumpspeicherwerkes Waldeck II. Zurück über die Brücke, weiter am nördlichen Ufer des Unterbeckens (Naturschutzgebiet „Affolderner See") entlang bis Affoldern.
Am Ortseingang Affoldern (Forstamt) nach Norden und über die Kanzel nach Waldeck zurück = 16 km.

Von Waldeck bis Ortsausgang in Richtung Golfplatz, nach Westen durch die freie Feldmark (Richtung beibehalten) bis zum Wald, durch den Wald nach Nieder-Werbe (Schutzhütte, Kneippanlage), links am Vorbecken bergaufwärts bis zum ersten Hangweg, über diesen Weg, eine Brücke im „Bärenbachtal" und weiter am Hang entlang (viele reizvolle Ausblicke auf den Edersee) bis zur Talstation Waldecker Bergbahn = 15 km.

Von Hemfurth-Edersee (Südseite Talsperre) in Richtung Bringhausen, von der Straße Hemfurth – Bringhausen links ab durch das Waldschutzgebiet zum Hochspeicherbecken des Pumpspeicherwerkes Waldeck II bis zur Besucherplattform (weite Aussicht auf den Edersee, Schloss Waldeck, weit in das Edertal und bis zu den Sauerlandbergen im Westen), zurück am Dammfuß rechts entlang des Dammes des Hochspeicherbeckens geradeaus bis zum „Tannendriesch", von hier nach Bringhausen und am Edersee zurück nach Hemfurth-Edersee = 21 km.

Mit „Über den **Knorreichenstieg** in die Steinzeit" könnte man den Lehrpfad an den exponierten Steilhängen zwischen Asel und der Halbinsel Scheid treffend beschreiben. Ausgangspunkte sind Wanderparkplätze am Waldrand am Beginn der Aseler Bucht (Zufahrt nächster Weg nach Abzweig zur Kläranlage über eine schmale Brücke) und von Basdorf an der Zufahrtsstraße zum Campingplatz des DKV. Hilfsweise sind die örtlichen Wegemarkierungen angegeben: Von Parkplatz Asel über V 5a – Ba 4 zur „Hünselburg" (Reste einer mittelalterlichen Wallanlage, Funde aus der Zeit von 4500 v. Chr. bis Christi Geburt) – unterschiedliche Waldbilder mit sel-

Nieder-Werbe mit Vorbecken

Krüppeleichen an der „Kahlen Hardt“

tenen Pflanzengemeinschaften, Ba 4 – V 4 bis Zufahrt DKV/Fürstental, rechts ab, dann links ab über Ba 6/N8 zur „Kahlen Hardt" (schöne Aussicht auf Edersee und Ederberge, Eichen-Buschwald) bis zur Straße Nieder-Werbe – Scheid und am oberen Hangweg B6/N8 zurück in Richtung Basdorf, links über Ba 3/ → zurück zum Ausgangspunkt = 18 km.

(Ergänzende Informationen: Broschüre Kellerwald & Edersee „Exkursion durch extreme Naturwälder)

Heilquellengenuss, Achatsuche und ein Kloster

Naturpark Kellerwald-Edersee – Bad Wildungen – Frankenau – Haina (Kloster)

Von Bad Wildungen (Waldhaus) in südlicher Richtung durch das Sonderbachtal an der Helenenquelle vorbei bis zum „Odershäuser Wasserfall" (Naturdenkmal), von Odershausen durch das „Dörnbachtal", über den „Auenberg" (611 m) und die „Große Leuchte" (500 m) nach Bergfreiheit. Von Bergfreiheit nach Westen, am Besucherbergwerk rechts ab, am Waldrand entlang durch das Tal der Urff bis Armsfeld, von Armsfeld weiter in nördlicher Richtung am Waldrand entlang, in einem Seitental rechts ab bergaufwärts bis zur „Jägersburg", weiter in nordöstlicher Richtung am „Nickelskopf" vorbei zur „Stahlquelle", „Talquelle" und Golfplatz nach Bad Wildungen = 24 km.

Von Bad Wildungen (Waldhaus) nach Reinhardshausen und Albertshausen, von Albertshausen in nordwestlicher Richtung bis zum Waldrand und weiter zum „Paradies" (Naturschutzgebiet) seltenes Waldbild), weiter bis Gellershausen, am rechten Talrand entlang in nordöstlicher Richtung bis Kleinern (Freizeitanlage), von hier zurück nach Bad Wildungen = ca. 22 km.

Dem Kellerwald aufs Dach

Kellerwald – Haina (Kloster)

Ausgangspunkt ist Dodenhausen. Über den Durchgangswanderweg X 13 zunächst über die Landesstraße in Richtung Schönstein, dann links ab durch Buchen-Mischwald, vorbei am „Exhelmer Stein" und weiter über X 13/B 4 auf den Kamm des „Wüstegartens" (675 m) (markante Felsen, Ringwallanlagen) – Ein herrlicher Rundblick vom Aussichtsturm belohnt für den Anstieg. – Zurück über den Durchgangswanderweg X 13 bis Fischbach und weiter über B 4 oder die Straße Fischbach – Haddenberg nach Dodenhausen (Höhenunterschied 300 m) = 13 km.

Tischbeins Kindheitserinnerungen und das Wirken eines Obervorstehers der Hohen Hospitäler in Hessen werden mit zwei historischen Wanderwegen um das ehemalige Kloster Haina wachgerufen. Der **„Tischbein-Wanderweg“** (kein Rundwanderweg) führt von Haina nach Dodenhausen (X 13). Auf Texttafeln werden Kindheitserinnerungen Johann Heinrich Wilhelm Tischbeins (1751 – 1829) wiedergegeben.
Im 18./19. Jh. war das Gelände um das ehemalige Kloster von Friedrich von Stamford (1738 – 1803) gärtnerisch gestaltet worden. Auf einem Rundweg mit zehn Erläuterungstafeln werden die erhaltenen **Elemente des Stamford'schen Gartens** vorgestellt.

(Ergänzende Informationen: Broschüre Kellerwald & Edersee – „Historische Wanderwege um Haina“)

Über Gänse- und Franzosenwiese zu den Kelten

Burgwald – Rosenthal

Ausgangspunkt: Zentrum der Stadt Rosenthal – Nach Besichtigung des Ortes führt X 9/X 13 in westlicher Richtung an der „Gänsewiese“, einem kleinen Waldwiesental, entlang zum „Sengerberg“ (380 m), von hier bergab vorbei an „Landgrafenborn“ und „Diebskeller“ (seltene Pflanzengemeinschaften) in das „Hungertal“, von da steil bergan auf die Hochfläche des „Christenberges“ (387 m, weite Aussicht, ehem. keltische Wallanlage, später

St.-Martins-Kirche mit Küsterhaus auf dem „Christenberg“

Moosbeere

Rundblättriger Sonnentau

Naturschutzgebiet im Burgwald mit blühendem Wollgras

karolingische Befestigungsanlagen (Kirche m. Bauteilen aus dem 11./12. Jh.). Zurück über den „Sternweg“ X 1 bis Roda, von da nach rechts über 25 x (Tälerring) bis zur Kreuzung mit X 9/X 13, nach links in Richtung Rosenthal = 19 km.

Ausgangspunkt: Kreuzung des Bachlaufes „Rotes Wasser“ mit der Straße Rosenthal – Bracht, über 25 x/B 1/T („Tälerring“) immer entlang des „Roten Wassers“ bis zu Franzosenwiesen (bedeutendes Naturschutzgebiet) und Wolfsturm, zurück über B 1 in südlicher Richtung am „Gr. Badenstein“ (Aussichtspunkt) vorbei bis zur Straße Rosenthal – Bracht, links ab zum Ausgangspunkt = 15 km.

Vom Edertal zur Sackpfeife

Oberes Edertal – Battenberg – Bromskirchen – Hatzfeld

Von Hatzfeld (Burgruine, Emmauskapelle, Museum), am Ortsausgang Richtung Holzhausen, an der Kapelle rechts ab über den Hessenweg Nr. 1 „Marburger Weg“ (roter Querbalken) am „Sauacker Kopf“ (564 m) vorbei, teilweise auch steiler ansteigend, zur „Sackpfeife“ (674 m) mit Aussichtsturm und Sommerrodelbahn. Ein Panorama-Rundblick belohnt für den Anstieg. – über H 1 unter Umgehung von Felsbildungen (Naturdenkmal) mit teilweise schönen Aussichten in das Edertal zurück zum Ausgangspunkt – Höhenunterschied 320 m – = 10 km.

Kaiser-Wilhelm-Turm auf der „Sackpfeife“

Linsphertal zwischen Bromskirchen und Wunderthausen

Rotkäppchenbrunnen in Battenberg

Auf den Spuren Mountbattens

Nach Besichtigung des historischen Battenberg beginnen wir unsere Wanderung am Schwimmbad. Über den Rundweg B 1 zur steil abfallenden Kante des „Beerberges“ über dem Edertal – ein Abstecher zu den frühgeschichtlichen Ringwallanlagen am „Eisenberg“ (B 3 a) lohnt sich auch wegen des Ausblicks –, weiter über B 1 / E um den „Grubenkopf“ zum Fuß des „Struthkopfes“, Abstecher zu den Holzhäuser Klippen (L1 / E), um diesen herum talwärts und am Nordhang des „Wingertsberges“ zurück zum Ausgangspunkt = 10 km.

In die Tiefen des Rothaargebirges

Von Bromskirchen (altes Rathaus, Kirche) über X 15/B 1 ins Linsphertal, am sog. Silbersee (ab da B 1) und der Oberlinspher Mühle vorbei auf- und abwärts zum „Lippestriesch“ (675 m), entlang der Landesgrenze Hessen-Nordhein-Westfalen über B 1/B 2 zurück zum Ausgangspunkt = 10 km.

Von der Sackpfeife nach Westen

Drei-Seen-Wanderweg

Wandern ohne Gepäck

Streckenverlauf und Entfernungen

1. Tag:
Bad Arolsen (Schloss, Museen, Stadtbild).

2. Tag:
Bad Arolsen – Twistesee – in südlicher Richtung – die B 450 überquerend (Naturschutzgebiet Vorsperre Twistesee) bis Braunsen – Wanderweg „W" Braunsen – Freienhagen (Ortsbild, Kirche) – Selbach – Waldeck = 25 km.

3. Tag:
Ruhetag in Waldeck am Edersee (Schloss, Pumpspeicherkraftwerk in Hemfurth, Edertalsperre, Personenschifffahrt).

4. Tag:
Wanderweg „X 7" Waldeck (Naturschutzgebiete Mehlberg und Katzenstein) – Nieder-Werbe – Basdorf – Vöhl – Herzhausen = 18 km.

5. Tag:
Wanderweg „X 21" Herzhausen – Thalitter (Itterburg) – Nieder-Ense (Kirche) – Nordenbeck (ehemalige Wasserburg) – Goldhausen – Eisenberg (Aussichtsturm, Goldbergwerksanlagen, ehem. Grafenschloss) – Lengefeld (Vogellehrpfad) – Rhena = 22 km. (Alternativ: Lengefeld – Korbach [Wanderweg „X 25"] = 22,2 km.)

6. Tag:
Wanderweg „X 25" Korbach – Lengefeld – Wanderweg „X 21" Rhena = 10 km.
Wanderweg „X 21" Rhena (Kirche) – Schweinsbühl (Kirche) – Deisfeld – Ottlar (Dommelturm) – Bontkirchen – Wanderweg „X 15" bis zur Einmündung des Itterbachs in den Diemelsee – Wanderweg → am Südufer entlang bis Heringhausen = 28 km.

7. Tag:
Wanderweg → Heringhausen – St. Muffert – Eisenberg (Aussichten auf den Diemelsee) bis zum Wanderweg „X 1" – über Wanderweg „X 1" in östlicher Richtung bis Adorf – Wanderweg → Adorf – Hermannshof – Bünighausen (Coelestin-Gruben) – Gembeck – Frederinghausen – Massenhäuser Höhe – Thielebachtal – Arolsen = 25 km.

Weniger Steigungsstrecken sind zu bewältigen, wenn die Wanderung in umgekehrter Reihenfolge durchgeführt wird. Es bleibt jedem überlassen, sich die ganze Wanderstrecke zeitlich einzuteilen, weil dies in erster Linie von der körperlichen Verfassung abhängt. Der Vorschlag stellt nur eine von mehreren Möglichkeiten dar.
Die Wanderung kann auch mit Leihfahrrädern ab Bad Arolsen unternommen werden.

Verlauf der Drei-Seen-Wanderung

EMPFEHLENSWERTE WANDERKARTEN

Nahezu alle Städte und Gemeinden haben für ihr Gebiet und die angrenzenden Landschaftsteile Wanderkarten auf der Basis der **amtlichen Kartenunterlagen** der Landesvermessungsämter herausgegeben, die kostengünstig bei den touristischen Informationsstellen und im Buchhandel zu kaufen sind. Sie haben fast ausnahmslos den Maßstab 1 : 25 000 und stellen eine hervorragende Orientierungshilfe für Wanderer dar.

- Wanderkarte „Ederbergland" für die Gemeindegebiete Allendorf (Eder), Battenberg (Eder), Bromskirchen und Hatzfeld (Eder) mit angrenzenden Teilen des Burgwaldes und des Rothaargebirges
- Burgwaldwanderkarte für die Gemeindegebiete Burgwald, Gemünden (Wohra) und Rosenthal mit angrenzenden Landschaftsteilen des Landkreises Marburg-Biedenkopf, 1 : 33 333
- Bad Wildungen mit Ederseeregion und Bad Zwesten
- Diemelsee
- Frankenau mit Waldschutzgebiet Gatter Edersee
- Frankenberg
- Edersee-Touristik-Freizeitkarte
- Vöhl mit Edersee und Waldschutzgebiet Gatter Edersee
- Korbach
- Lichtenfels
- Volkmarsen
- Waldeck
- Willingen

– alle im Maßstab 1 : 25.000 –

STRECKENWANDERWEGE

Allein sieben **Durchgangswanderstrecken** (mit X und einer Ziffer gekennzeichnet) und sechs **Hauptwanderstrecken** des Hessisch-Waldeckischen Gebirgs- und Heimatvereins (gekennzeichnet mit unterschiedlichen Buchstaben und einer Zahl) sowie des Sauerländischen Gebirgsvereins (X und Ziffer) durchqueren die Urlaubsregion „Waldecker Land" mit ihren einzelnen Teillandschaften.

Nach körperlichem Leistungsvermögen und persönlichen Interessen können Teilgebiete erwandert werden.

Neben der **„Drei-Seen-Wanderung"** empfiehlt sich auch ein **Wanderurlaub ohne Gepäck** auf dem **„Ederhöhenweg"**, der von Hatzfeld über Frankenberg und die Edertalsperre bis Fritzlar mit E 06 markiert ist. Er ist insgesamt 231 km lang.

Zu einer Etappen-Wanderung entlang der **Burgwaldbahn** fordert eine bebilderte Informationsbroschüre auf. Sie kann bei der Entwicklungsgruppe Region Burgwald e. V., 35099 Burgwald, Tel. (0 64 51) 2 66 08, angefordert werden.

Empfohlene Wanderkarten:

„Edersee – Naturpark Diemelsee" (14)

„Kurhessisches Bergland" (15)
mit Begleitheft

„Marburger Land"
mit Begleitheft (10/11)

alle 1 : 50 000 –
Hessisches Landesvermessungsamt

Die Karten sind im Buchhandel erhältlich.

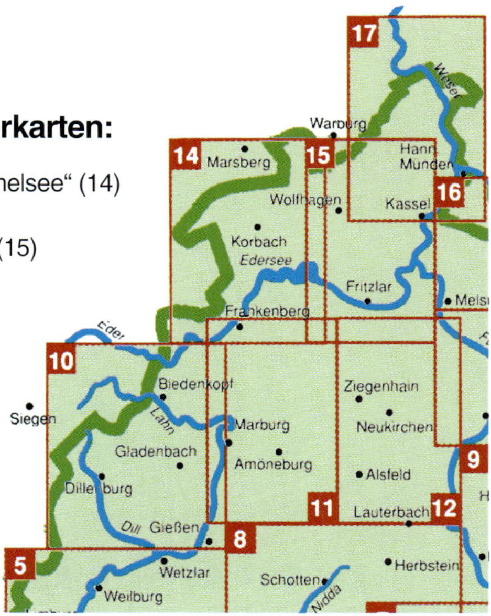

RADWEGE

Dem nicht ausgesprochen sportlichen Radwanderer, vor allem Familien mit Kindern, empfehlen sich Radtouren in den Talniederungen der beiden größten Flüsse Diemel und Eder.

Der **Diemel-Radweg** führt von der Diemelquelle (Bahnstationen Usseln/Willingen) durch das Diemeltal bis zur Diemeltalsperre und weiter über Marsberg (Bahnstation), Westheim, Warburg (Bahnstation), Trendelburg bis zur Einmündung der Diemel in die Weser in der Hugenottenstadt Bad Karlshafen. Die Landschaft besticht durch ihre große Vielfalt und die historischen Sehenswürdigkeiten. Der Ausgangspunkt ist mit der Bahn über die Strecke Kassel – Hagen bis Brilon-Wald und weiter in Richtung Willingen – Korbach zu erreichen.

***Radwanderkarte** 1 : 50 000 mit ergänzenden Informationen: „Diemel-Radweg“ – Bielefelder Verlagsanstalt (im Buchhandel erhältlich).*

Der **Ederauen-Radweg** (EA/R8) begleitet die Eder an ihrem Oberlauf von der Quelle bis zum Abzweig der Straße nach Harbshausen vor Herzhausen an der Stauwurzel der Edertalsperre. Von hier geht es weiter unmittelbar am südlichen Ufer der Talsperre entlang des → Waldschutzgebietes Edersee (EA/R5) bis Hemfurth (Abstecher zum Wildpark Edersee und zur Sperrmauer mit dem Aquapark sollten eingeplant werden) und am Affolderner See entlang in das untere Edertal mit seiner typischen Auenlandschaft (Naturschutzgebiet). Von Bergheim folgt der Radweg (EA) der Eder bis → Fritzlar.

***Radwanderkarte** 1 : 50 000 mit ergänzenden Informationen im Buchhandel erhältlich.*

Weitere hessische **Fernradwege** wie der R 5 – er beginnt in Willingen im waldeckischen Teil des Sauerlandes mit seinem Mountainbike-Zentrum (Informationen über Kur- und Touristikservice Willingen) – und führt über die Gold- und Hansestadt Korbach und die Edertalsperre nach Bad Wildungen. Der mit R 6 gekennzeichnete Fernradweg führt in Nord-Süd-Richtung von Bad Arolsen über die Edertalsperre und Frankenberg nach Kirchhain. Der R 8 von Frankenberg in Richtung Westen ist identisch mit dem Ederauen-Radweg.

Radwegekarten mit Beschreibung der Sehenswürdigkeiten beim Hessen Touristik Service e. V., 65021 Wiesbaden.

Recht anspruchsvoll, was körperliche Fitness angeht, ist der **„Drei-Seen-Radweg"** (S), der Diemel-, Eder- und Twistesee verbindet und auch in Etappen befahren werden kann.

Im Übrigen sind nahezu alle **land- und forstwirtschaftlichen Wege** für den Fahrradverkehr freigegeben, sodass man sich auch anhand von Wanderkarten hinreichend orientieren kann.

Fahrradverleihe

In vielen Fremdenverkehrsorten des „Waldecker Landes" können Besucher technisch einwandfrei gewartete Fahrräder ausleihen (auch für Kinder). Adressen bei den örtlichen Tourismus-Informationsstellen (Seite 10/11) oder der Touristikzentrale Waldeck-Ederbergland e. V., Tel. (0 56 31) 9 54-3 59, freecall 08 00/9 54 35 90.

Mountainbiker auf dem Weg zum Ettelsberg

AUSFLUGSROUTEN FÜR AUTOTOURISTEN

An dieser Stelle sollen dem Autotouristen einige Vorschläge für Rundfahrten innerhalb des Waldecker Landes und über seine Grenzen hinaus unterbreitet werden. Sie können naturgemäß nicht vollständig sein und erst recht nicht jeden Ort erfassen. Wesentliche Besichtigungsobjekte und Möglichkeiten der Freizeitbetätigung sind in Klammern angegeben. Dennoch dürfte es sich empfehlen, im Einzelfall bei den **Ortsbeschreibungen** nachzuschlagen. Die Fahrt kann an jedem beliebigen Ort begonnen, verkürzt oder verlängert werden.

Route 1:
Talsperrenrundfahrt
Hemfurth (Sperrmauer, Wildpark, Pumpspeicherkraftwerk, Standseilbahn, Aquapark, Bootsverleihe) – Ederseerandstraße bis Abfahrt Waldeck (Kabinenseilbahn, Bootsverleihe, Schiffsrundfahrten) – Waldeck (Schloss, Burgmuseum) zurück zur Ederseerandstraße – Nieder-Werbe – Ober-Werbe (Klosterruine) – Alraft – B 251 – Höringhausen – Nieder-Waroldern (Altargemälde) – Elleringhauen – Volkhardinghausen (ehem. Kloster) – Landau (Schloss, Torhaus, Fachwerkhäuser, Wasserkunst) – Vorsperre Twistesee (Wasservögel, Naturschutzgebiet) – Wetterburg (Strandbad, Staudamm, Überlaufbauwerk) – Arolsen (Schloss, Große Allee, Museen) – Massenhausen – Vasbeck – Adorf (Kirche, Besucherbergwerk) – Rhenegge – Heringhausen (Diemeltalsperre, Bootsverleihe, Aussichtsfelsen St. Muffert, Kirche) – Giebringhausen – Sudeck – Flechtdorf (Kirche) – Korbach – Meineringhausen – Sachsenhausen – Netze (Kirche, Altar) – Buhlen – Hemfurth = ca. 130 km.

Route 2:
Rundfahrt der schönen Aussichten
Korbach (Altstadt, Museum, Kirchen, Kiliansturm mit Aussicht auf Stadt und Umland, Korbacher Spalte) – Nordenbeck (ehem. Wasserburg) – Goldhausen (Georg-Viktor-Aussichtsturm, Schlossruinen, ehem. Bergwerksbetrieb, Lehrpfad „Goldspur“) – Richtung Eppe – vorher rechts ab – Alleringhausen – Bömighausen – Welleringhausen (Kirche) – Usseln (Heimatmuseum, Diemelquelle, „Osterkopf“, 708 m) – Willingen (Mühlenkopfschanze mit Aussichtsturm, Sesselbahn auf den „Ettelsberg“ (838 m), Besucherbergwerk, ökologisches Informationszentrum) – Schwalefeld (Ringwälle der Schwalenburg) – Rattlar –

in Richtung Ottlar auf der Höhe links ab zum Dommel (738 m, Aussichtsturm) – Ottlar – Giebringhausen – Sudeck – in Richtung Adorf, vorher rechts ab nach Benkhausen – Schweinsbühl (Kirche) – in Richtung Rhena – vom Parkplatz „Wächtler" Wanderung zum Widdehagen (635 m) oder um den „Wächtler" – Rhena (Kirche) – Korbach = ca. 75 km).

Route 3:
Sachsen-Franken-Fahrt
Korbach – Nordenbeck – Ober-Ense (Reste Burgruine) – Immighausen (Kirche) – in Richtung Goddelsheim (Gut und Ruine der Klosterkirche Schaaken) – Goddelsheim (Fischzuchtanstalt, Burgring) – Rhadern – Dalwigksthal (Burg Lichtenfels, Wandergebiet Orketal) – Sachsenberg (Altstadt, Fachwerkhäuser, Töpferei) – Frankenberg (Altstadt, Rathaus, Museum, Kirche) – Ederbringhausen – Niederorke – Buchenberg – Fürstenberg – Immighausen – Korbach = ca. 75 km.

Route 4:
Heilquellenrundfahrt
Bad Wildungen (Mineralquellen, Schloss Friedrichstein, Stadtkirche, Kurpark, Museen, Altstadt) – Odershausen (Wasserfall, Jägersburg) – Braunau (Warte, Steinbruch) – Bergfreiheit (Edelsteinschleiferei, Besucherbergwerk) – Armsfeld (Kirche) – Hundsdorf – Hüddingen – Frebershausen (Kirche, Ruine Quernstkirche) – Gellershausen – Kleinern (Kirche, Altar, Freizeitpark, Mineralquellen) – Giflitz – Altwildungen – Reitzenhagen (Mineralquellen, „Bilsteinklippen") – Reinhardshausen (Mineralquellen) – Bad Wildungen = ca. 55 km.

Route 5:
Naturkundliche Rundfahrt
Mengeringhausen (Fachwerkhäuser, Kirche, Nicolaihaus, Museum) – Twiste (Kirche) – Mühlhausen (Kirche) – Gembeck – Vasbeck – Canstein – Udorf – Kohlgrund (Gutshof Eilhausen) – Neudorf – Helmighausen – Hesperinghausen (Halbtrockenrasen mit Orchideen) – Westheim – Wrexen – Rhoden (LSG. „Rhoder Hude", Schloss, Altstadt, Ruine Alt-Rhoden, Naturschutzgebiet „Quast") – Wethen (Kirche mit Krypta, floristische Seltenheiten) – Germete – Welda – Hörle (Naturschutzgebiet „Iberg") – Herbsen (floristische Seltenheiten am „Gertenberg") – Volkmarsen (Mineralquellen, Kugelsburg, Freizeitpark, Rathaus, Kirche, naturkundl. Lehrpfad) – Lütersheim (Hollenlöcher) – Neu-Berich (Kirche, Altar) – Wetterburg (ehem. Burg, Staudamm Twistetalsperre, Naturschutzgebiet) – Bad Arolsen (Alleen, Mineralquelle, Schloss, Museen, Kirche) – Mengeringhausen = ca. 85 km.

Route 6:
Fürstbischöfliche Kelten-Route
Haina (Kloster) (Klosteranlage, Kirche, Tischbeinhaus) – Herbelhausen – Ellnrode – Gemünden (Wohra) („kulturhistorischer Rundgang", historisches Stadtbild) – Lehnhausen – Rosenthal (Rathaus, Fachwerkhäuser) – „Christenberg" (Aussicht, ehem. keltischer Fürstensitz, Befestigungsanlagen, Kirche) – Münchhausen – Simtshausen – Mellnau (Burgruine m. besteigbarem Bergfried) – zurück zur B 252 – Ernsthausen – Wiesenfeld (Kirche, Ortsbild) – zwischen Burgwald und Frankenberg rechts ab nach Bottendorf – Willersdorf – Oberholzhausen – Mohnhausen (Kirche) – Bockendorf – Haina (Kloster) = ca. 78 km.

Route 7:
Mountbatten und Sayn-Wittgenstein
Battenberg (Eder) (historisches Stadtbild) – Dodenau (Wildfreigehege) – Reddighausen – Holzhausen – Hatzfeld (Emmauskapelle, Stadtbild, Museum, Burgreste) – Beddelhausen – Schwarzenau (Museum, Herrenhaus) – Arfeld (Kirche, Schmiede, Holzmuseum) – Raumland (Kirche, Schieferschaubergwerk) – Bad Berleburg (Schloss m. Park, Museum, hist. Altstadt) – Diedenhausen – Wunderthausen – Hallenberg – Bromskirchen (ehem. Rathaus, Kirche) – Allendorf (Eder) – Battenberg = ca. 80 km.

Die **Eder-Ferienstraße** von der Quelle des Flusses am Ederkopf (676 m) südwestlich Erndtebrück bis zu seiner Mündung in die Fulda stellt zwar keinen Rundkurs dar, erschließt jedoch viele landschaftliche Schönheiten und kulturhistorische Schätze entlang des größten Flusses (Länge 177 km) der Urlaubsregion. Sie führt über Nebenstraßen und ist ausgeschildert. Sehenswertes bei den Ortsbeschreibungen.

GEFÜHRTE WANDERUNGEN

In verschiedenen Orten finden regelmäßig **Wanderungen mit ortskundigen Begleitern** statt. Termine und Streckenverlauf sowie Treffpunkte werden in der Tagespresse und in Veranstaltungskalendern bekannt gegeben. Nähere Auskünfte geben die örtlichen Informationsstellen:

Bad Wildungen:
Dienstag + Freitag 13.45 Uhr
ab Kurverwaltung
Langemarckstraße

Frankenau:
Donnerstag 13.45 Uhr ab Marktplatz

Korbach:
Dienstag, Mittwoch (Senioren),
Donnerstag (die Sportlichen),
Sonntag

Reinhardshausen:
Donnerstag 13.45 Uhr ab
Kurverwaltung Reinhardshausen

Schwalefeld:
Mittwoch 9.30 Uhr

Usseln:
Dienstag 10.00 Uhr

Willingen:
Dienstag 9.30 Uhr, Freitag 14.00 Uhr
(April bis Oktober) – ab Rathaus

Wanderung über die Höhen des Uplandes

WEITERFÜHRENDE LITERATUR

Natur

„Pflanzenwelt zwischen Eder und Diemel"
Wilhelm Bing Verlag, Korbach

„Vogelwelt zwischen Eder und Diemel"
Wilhelm Bing Verlag, Korbach

„Amphibien und Reptilien im Landkreis Waldeck-Frankenberg"
Wilhelm Bing Verlag, Korbach

„Geschichte des Naturschutzes in Waldeck"
Wilhelm Bing Verlag, Korbach

Naturraumführer „Waldecker Upland" und „Kellerwald und Edersee"
Herausgeber Cognitio Verlag, Niedenstein

Kunst – Kultur – Geschichte – Baudenkmale

„Residenzschloss Arolsen – ein Führer durch das Schloss"
(im Schloss erhältlich)

„Museum Schloss Friedrichstein Bad Wildungen"
Gemeinschaft der Freunde Schloss Friedrichstein e. V. u. a.

„Schloss Friedrichstein"
Gemeinschaft der Freunde Schloss Friedrichstein

„Besucherbergwerk Grube Christiane"
Gemeinde Diemelsee

„Liebfrauenkirche Frankenberg"
Ev. Kirchengemeinde Frankenberg

„Philipp Soldau von Frankenberg"
Landkreis Waldeck-Frankenberg

„Das Tischbeinhaus in Haina"
Verein Freunde des Klosters Haina e. V.

„Historische Wanderwege um Haina“
Verein Freunde des Klosters Haina e. V.

„Baudenkmäler und Kunstschätze der 1000-jährigen Stadt Korbach“
Wilhelm Bing Verlag, Korbach

„St.-Kilians-Kirche zu Korbach“
Heimatbund für Kurhessen und Waldeck

„Die Nikolaikirche zu Korbach“
Heimatbund für Kurhessen und Waldeck

„Die Wasserkunst von 1535 in Landau“
Museumshefte Waldeck-Frankenberg, Heft 2

„Die ehemalige Zisterzienserinnenkirche zu Netze“
Ev. Kirchengemeinde Netze

Stadtführer – Gebietsbeschreibungen

„Führer durch Bad Wildungen“
Kur- und Verkehrsverein

„Battenberg“
Heimat- und Verkehrsverein

„Korbach – ein Rundgang durch die alte Stadt“
Wilhelm Bing Verlag, Korbach

„Vom Edertal zum Edersee“
Wilhelm Bing Verlag, Korbach

„Der Edersee“
Wilhelm Bing Verlag, Korbach

„Das alte Edertal“
Edersee Touristic GmbH, Waldeck u. a.

„Wandern mit der Burgwaldbahn“
Entwicklungsgruppe Region Burgwald e. V.

Bildbände

„Land an Eder und Diemel“
Wilhelm Bing Verlag, Korbach

„Der Naturpark Diemelsee – Lebensbild einer Erholungslandschaft“
Wilhelm Bing Verlag, Korbach

„Bad Wildungen“
Wilhelm Bing Verlag, Korbach

„Frankenberg (Eder)“
Wartberg Verlag, Gudensberg

„Ein Rundgang durch die Frankenberger Altstadt“
Stadt Frankenberg

„Kloster Haina“
K. R. Langewiesche, Königstein

„Korbach“
Wilhelm Bing Verlag, Korbach

„Waldeck im 19. Jahrhundert“
Waldeckischer Geschichtsverein, Bad Arolsen

Märchen und Sagen

„Volksüberlieferungen aus dem Fürstentum Waldeck“
von L. Curtze (1860) – Hrsg. Waldeckischer Geschichtsverein

„Waldecker Land – Waldecker Leute“
von Christian Fleischhauer, Waldeckischer Geschichtsverein

„Waldecker Ortsspott „
Ludwig Bing, Wilhelm Bing Verlag, Korbach

„Märchen des Waldecker Landes“
von Charlotte Oberfeld

„Schneewittchen – Märchen oder Wahrheit?“
von Eckhard Sander, Wartberg Verlag, Gudensberg

„Sagen und Geschichten aus dem Frankenberger Land“
Wilhelm Bing Verlag, Korbach

STICHWORTVERZEICHNIS

Bildnachweis

Archiv Bing Verlag, Korbach: S. 60, 75 unten, 116 links, 146, 168
Archiv Stadt Bad Arolsen: S. 57 oben
Archiv Forstamt Edertal: S. 138, 155 unten
Archiv Stadt Korbach: S. 106
Archiv Kreisbildstelle, Frankenberg: (Eder): S. 80 oben
Hölzinger, Helmut, Korbach: S. 48
Kalden, Gerhard, Frankenberg (Eder): S. 20 oben, 67, 96 unten, 115, 139 unten, 149 oben, 158
© Koch, Tanja, BTM GmbH, Berlin: S. 24
Kulick, Dr. Jens, Korbach: S. 88
Fa. Thonet, Frankenberg (Eder): S. 80 unten
Fa. Viessmann, Allendorf (Eder): S. 52
Ski-Club Willingen: S. 28 unten, S.146

Alle übrigen Fotos vom Verfasser

Die **STANDORT • HIER**-Förderung der Sparkasse Waldeck-Frankenberg
unterstützt die Herausgabe des Reise- und Wanderführers Waldecker Land.